日本史
書き残されたふしぎな話

並木伸一郎

三笠書房

◈はじめに――なぜ、その歴史は書き残されてきたのか？

今は、科学技術が全盛の時代である。大国や著名な起業家は宇宙まで手を伸ばし、半導体をはじめ最先端技術を巡る競争は激しくなる一方だ。

しかし、そんな時代であっても、人は**「理屈では説明がつかない不可思議なこと」**に強く惹（ひ）かれてしまうし、困難に直面すれば神仏にすがりたくもなる。

この世には「科学では説明がつかないことがある」と、直感しているからだろうか。

そして、現代よりも、ずっと夜の闇が深かった時代、人々ははるかに**「この世ならざるもの」への感性**が鋭かった。

そして、古（いにしえ）の日本人たちは、遭遇した不可思議な事象や目撃した異常な出来事を、正史の中に、あるいは説話集や日記、随筆の中に書き留めてきたのである。

例えば、日本の「正史」をひもといてみても、**神秘的で謎めいた出来事**が数多く記されている。最古の歴史書『古事記』『日本書紀』には、天孫降臨や神武天皇東征における八咫烏や金鵄はもちろん、聖徳太子が「未来予知の力」の持ち主であることまでもが言及されている。また、修験道の開祖である役小角が鬼神を使役していたことも、「確かな歴史上の記録」として『続日本紀』に書き残されているのだ。

その一方で、権力者に歯向かった「皇命にあだなす者」たちは、貶められ、残酷きわまりない「鬼」として、『日本書紀』や説話集、絵巻物などに記されてきた。歴史は常に「勝利者のもの」だが、そこに敗北者の哀しみを感じるのは筆者だけではないだろう。

時代が下り、江戸時代の記録や随筆にも、摩訶不思議な出来事が多数、書き残されている。例えば、宇宙船と思しき円盤形の舟が漂着した事件、異界に自由に出入りする異能者や前世の記憶を持つ少年の存在、神隠しやテレポーテーションとしか思えない目撃事件が、滝沢馬琴や国学者の平田篤胤らによって記録されてきたのだ。

そして、ひところ話題となった「予言妖怪アマビエ」などの目撃譚も、江戸時代の瓦版という形で伝えられてきたのである。

また、「文字」という形ではないが、縄文時代の遺跡からは「宇宙人の飛来」を後世に伝えるためかに存在するかのような土偶や刻画が多数、発見されている。

そして、松本清張をも魅了した奈良の巨石群、沖縄の海底に残された巨大な一枚岩をはじめ、超古代文明が存在していたことを暗示するような「ミステリアスな巨石」が日本各地にはたくさん残されている。

本書では、これら日本の歴史に確かな記録として残る「不可思議な話」や「ミステリアスな遺物」を、六つのテーマに分けて紹介していく。いわば、**日本史「怪事件」ファイル**とも呼べるような内容である。

もちろん、なかには信憑性が疑われる事象もあるが、そのいずれもが筆者の想像力をかきたてずにはおかないのである。

書き残された出来事や遺物の奥に潜む「真相」を読み解こうと思いを馳せる――。これぞまさに、**歴史探訪の醍醐味**ではないだろうか。

並木伸一郎

もくじ

1章 宇宙人は古来より飛来していた？

……謎が謎を呼ぶ「不可思議なリンク」

2章 暗闇にうごめく妖(あやかし)の者たち

……「皇命にあだなす者」は歴史にどう記録されたか

3章

「怨霊」と「呪術」が交錯する世界

……「起こってはならないこと」が惹起されるとき

4章 超能力者たちの禁忌
……民がひれ伏した「この世ならざるもの」とは

5章 書き残された「奇妙な怪異譚」
……「見てはならない世界」の扉が開かれるとき

6章 それは「超古代文明」の痕跡なのか？

……「残された構造物」が語りかけてくること

本文イラストレーション◎斎藤 猛
編集協力◎藤木夢真、久保あすか

1章

宇宙人は古来より飛来していた？

……謎が謎を呼ぶ「不可思議なリンク」

1 遮光器土偶に写し取られた「神の姿」

一八八七年、青森県西津軽郡木造町(現在のつがる市)にある亀ヶ岡石器時代遺跡の泥炭層から、ある土偶が発見された。それが縄文時代晩期に作られた**「遮光器土偶」**だ。頭上には特異な突起物を頂き、ふっくらとした全身は鎧のような外装服を連想させ、胸元の突起物や鋲打ちされた幅広のベルトが特徴的だ。

横一文字にスリットの入った大きな目、複雑な口元や顎の構造物はとりわけ異彩を放っており、その特異な形状は当初から謎と憶測を呼んだ。特徴的な目元が北極圏の住民が使用する氷雪の反射光よけの遮光器を連想させることから、その名が定着したとされている。

亀ヶ岡石器時代遺跡から
発見された
「遮光器土偶」（前面）

頭上の特異な
突起物はいったい
何を表わすのか（背面）

その後も東北地方を中心に、「大きな目」と「丸みを帯びた特徴的な体形」という共通点をもつ土偶が続々と発見されることとなるが、同時に**「その土偶が何を表わしているのか」**についても多くの議論を呼んだ。

世界中を驚かせた「土偶宇宙服説」

異様な容姿については、**女神像**である、あるいは**呪術**（じゅじゅつ）**用の偶像**であるなど諸説あるが、注目すべきなのは旧ソ連の科学評論家**アレクサンドル・カザンツェフが主張した「土偶宇宙服説」**（「土偶宇宙人説」とも）だろう。来日し、実際に現物を検証した彼の主張は次のようなものだ。

頭部にあたる部分はヘルメット、頭頂部にある角状の突起はアンテナ類、大きな目は文字通り光を遮（さえぎ）るための眼鏡＝ゴーグル。これらのことから、**土偶のモデルとなった異星人は、太陽の光があまり届かない薄暮の世界の惑星から訪れた**ことを暗示しているというのだ。

耳の部分にはゴーグルの開閉機構を有すると見られる渦巻き（うずま）状の構造物がある。顔

来日したカザンツェフ博士（写真左）。
土偶を囲みながら白熱の議論が展開された

面中央部や顎の左右には、呼吸用の装置がある。胸の突起は乳房ではなく、何らかの装置を連結させるバルブ、もしくは何かの機能を調節するためのダイヤルとみなされている。腰に備わる幅広のベルトも、当時の人々が身に着けていたものとは思えないデザインだ。

遮光器土偶には、背後に長方形の覗き窓があり、頭部を取り外せる機構が見られることから、ヘルメットであることが有力視されている。

今日の視点から見ても〝実用性〟を有しているがゆえに、この**遮光器土偶にヒントを得て、NASAは宇宙服を設計・開発したという説**まであるくらいだ。

奇書『東日流外三郡誌』に記された天変地異が暗示すること

遮光器土偶は、技術的な側面でも特異である。その理由は、天然アスファルトを混入させて焼き上げる、亀ヶ岡石器時代遺跡で見られる独自の高度な土器製造技術が駆使されている点にある。この技法は現代でも復元が難しいとされている。はたして、これを形作った亀ヶ岡人たちは、いかなる技術によってこれを製造していたのだろうか？

そればかりではない。亀ヶ岡文化圏からは、件の土偶以外にも考古学的に価値がある〝ミステリアスな遺物〟が出土している。

例えば、青森県東津軽郡三厩村の宇鉄遺跡から発見された「管玉」（管状になっている宝飾装身具）には、ヒスイのような硬い石に直径一ミリの細い穴が深さ二センチ以上貫通している事例が見られる。これは当時、鉄製の針のような器具が使用されていたことを証明している。

また一九八七年には、下北半島太平洋岸に位置する六ヶ所村でも、加工が難しいとされる水晶の装飾品が出土。さらに鉄製の鏃、鉄滓を使用した「垂飾」（紐を通してネックレスのように使われたと考えられる）なども発掘され、縄文時代の亀ヶ岡に金属文化があったことが証明された。驚くことに、扱いの難しい水銀を利用した顔料を用いて彩色した土偶や土器も発見されているのだ。

これらのことから、**亀ヶ岡人たちが高度な技術と文明を有する集団であった**ことは容易に想像できるだろう。だが、彼らが築いた亀ヶ岡文化にはあまりにも謎が多い。なぜならば、これを伝える具体的な神話・伝説の類（たぐ）いがほとんど存在していないのだ。これほどまでに高い文化を誇った彼らが、なぜ滅（ほろ）んでしまったのか？

その謎に言及しているのが日本四大奇書の一つ、**『東日流外三郡誌（つがるそとさんぐんし）』**だ。同書によると、**およそ四千年前に大地震や大洪水などの天変地異によって、亀ヶ岡人は全滅**してしまったとある。だが、この文書が正しければ、日本にはメソポタミア、エジプト、インダス、中国の世界四大文明〝以前〟に超古代文明が存在していたことになる。

四大文明以前に存在した文明として真っ先に挙げられるのは、メソポタミアに存在したシュメール文明である。シュメール文明は、その前後に文化的系統性が認められず、謎多き文明だ。地球外の存在によって叡智(えいち)を授けられたとの伝説があり、それを実証するような歴史的遺物も数多く発見されている。**亀ヶ岡文化圏も同様に、超文明人や地球外文明人、すなわち異星人との交流があったのだろうか？**

アイヌ神「オキクルミカムイ」の模像？

「遮光器土偶」の正体として有力視されているのは、**「オキクルミカムイ」**だ。アイヌの叙事詩『ユーカラ』に登場する文化神である。

アイヌは日本列島の先住民といわれているのは周知の通りだが、彼らの信仰によれば、この世の始まりの時にオキクルミカムイが現われ、人間世界を統治し、文化を授けたという。

『ユーカラ』の中では、この神が**「神駕(シンタ)」**と呼ばれる飛行艇を駆(か)っていたことがリアルに描写されている。**〝空のゆりかご〟**を意味するシンタは、雷鳴を轟(とどろ)かせながら自在に空を飛び、星の世界（神の世界）へも行き来できるという文字通り「神の乗り物」だ。

このシンタだが、飛行中の姿が〝光る風〟〝水の波紋〟〝二重、三重の雲〟など、同心円状に見えていたと思われる記述がある。これが**円盤型のUFOを連想させる**ことはいうまでもない。

そのシンタを駆使したオキクルミカムイは、喜怒哀楽があり、人類とともに狩猟をしていたという人間味のある神であったという。

その一方で、魔神や大鬼、龍や大蛇といった〝魔〟の存在を退治した英傑としても描写されている。この〝魔〟の存在が地球黎明期の火山噴火、大洪水などの抗えない自然の驚異を表わすことは間違いない。

オキクルミカムイは飛行艇シンタを自在に駆っていたという

つまり、**オキクルミカムイは天変地異から人間を護る英雄**でもあったのだ。

「ノアの方舟」に代表されるように、世界の神話を見ていくと、この惑星が自然災害によって危機的状況に陥った時、神（＝地球外の知的生命体）の介在としか考えられない奇跡が起きている。オキクルミカムイがそれと同種の「奇跡を起こした神」だったとすれば、いったいどのような大災害がこの国を襲ったのか？

おそらくそれは、先に紹介した亀ヶ岡人を全滅に追い込んだ四千年前の大洪水であろう。実はオキクルミカムイが伝承される北海道は、亀ヶ岡文化圏に含まれている。つまり、遮光器土偶のモチーフがオキクルミカムイだとしても不思議はない。

それどころか、遮光器土偶のモチーフの謎は解かれ、同時に、オキクルミカムイの神話的な側面もすべて説明がつくだろう。この神秘の存在は、この惑星を襲った未曾有の大洪水に際して降臨した地球外の知的生命体であり、その姿を見た亀ヶ岡人たちがオキクルミカムイと呼び、その姿を土偶で表わした、と考えられないだろうか。

事実、遮光器土偶がまとう〝宇宙服〟は、伝承されるオキクルミカムイの姿と驚くほど酷似している。叙事詩『ユーカラ』によれば、オキクルミカムイは、顔の部分こそ遮光器のない〝素顔〟だが、胸や裾には同じ唐草紋の印刻が施され、胸には特徴的なV字の浮き彫りまであるのだ。

やはり遮光器土偶は、オキクルミカムイをモチーフにしていたと考えれば辻褄が合うと筆者は考える。探究すればするほど、遮光器土偶への興味は尽きないのである。

2 「記紀神話」は宇宙人の飛来記録なのか

今日、専門分野においては一般化しつつある「宇宙考古学」とは、人工衛星の活用を前提とした遺跡調査において、リモートセンシング（物を触らずに調べる）技術などを活用し、これまでの地上調査では発見に至らなかった密林や砂漠といった秘境に潜む遺跡などを探索（たんさく）、発見する学問の一分野である。

一方で、二十世紀における宇宙考古学とは、古の時代に地球外生命体が地球に飛来して人類に叡智を授け、超古代文明を開化させたとする立場をとり、アカデミズムとは一線を画していた。

さて、その二十世紀の宇宙考古学においては前出のカザンツェフが有名だが、慧眼（けいがん）

を有し、突出した主張をなした重要な人物がもう一人いる。スイスの作家、**エーリッヒ・フォン・デニケン**である。彼はカザンツェフとも交流があり、一九六八年には遮光器土偶の現物も検分している。これに感銘を受けた彼は古代日本についての造詣（ぞうけい）を深めていくこととなり、ついには次のようなコメントを残すに至っている。

「日本は宇宙考古学の宝庫だ」

その言葉通り、デニケンは古代日本について興味深い見解をいくつも発表している。例えば、遮光器土偶については、自身が初めて見たのと同じ年に公開されたＮＡＳＡの宇宙服との類似性に驚愕（きょうがく）しながらも、その胸元を女性の乳房と捉（とら）え、「古代の日本に降り立った女性の宇宙人であり、それが天照大御神（あまてらすおおみかみ）の源流をなした」というのだ。

それればかりではない、**天孫降臨は宇宙人の集団渡来、あるいは当時の日本を征服した記録**だというのである。

「天孫降臨」＝「宇宙人の飛来」？

天孫降臨とは、アマテラスから授けられた「三種の神器（じんぎ）」を携（たずさ）えた天孫（アマテラ

デニケンによれば「天孫降臨」は
宇宙人の集団飛来の記録だという

スの孫）の邇邇芸命が、葦原中国（日本）を治めるために高天原（天津神の住処＝天界）から天降ったことを指す。

天児屋命ら五伴緒神を従えたニニギは、その途中、猿田彦神の先導を受けながら、筑紫の日向の高千穂峰（宮崎県と鹿児島県の県境に位置する火山）に天降ったと伝えられている。

だがデニケンによれば、この神話は大挙してこの国へ移住してくる八百万の神々＝宇宙人集団を表わしたものだというのだ。

『未来の記憶』（角川書店）などでベストセラー作家となったデニケン独特のこうしたアプローチは、神話の他の部分にも見られ、それぞれ興味深い。

例えば、建御雷神と大国主神の「国譲り」の物語は宇宙人による征服を表わし、『出雲国風土記』に登場する八束水臣津野命が出雲の国を拡大するため、よその土地を引き寄せる描写は、宇宙人による大規模な土木建設を表わしているという。

「記紀神話」に登場する神々の天駆ける船

「記紀神話」において、謎の飛行物体と思われる不可思議な乗り物は、伊耶那岐命と伊邪那美命の「国生み」の段から登場する。その一つが**「鳥之石楠船神」**だ。

イザナギとイザナミの間に生まれた神であるが、『古事記』と『日本書紀』では記述が異なる。

前者ではタケミカヅチに仕えて葦原中国に派遣されるとあるが、後者では**「天鳥船」**と称され、別の使者が駆る〝神が乗る舟〟として描かれている。

その名にあるように天を鳥のように自在に飛び、岩のように固い楠でできているとされているが、これが比喩的な表現であることは疑いようもなく、実際は神の乗り物

＝謎の飛行物体を指すことはいうまでもないだろう。

それ以外に、『日本書紀』では高天原から下界に降り立つ時に用いられた**「天磐船」**が登場する。物部氏の祖神・饒速日命が天降る時に乗ったとされるこの船は、空を飛行する堅牢な船と描写されている。

さらに『古事記』ではイザナギとイザナミの子である蛭子を乗せた天の舟「葦船」（『日本書紀』では天磐櫲樟船）が登場する。これもやはり〝神の船〟を比喩的に表わしたものと考えていいだろう。

だが、「天駆ける船」に乗ったのは神々だけではない。実は古より天皇も、そうした乗り物を駆っていたという主張もあるのだ。

『竹内文書』が伝える古代天皇の秘密

「記紀神話」で語られるはるか古代の日本、そして世界の歴史を伝える秘書がある。**『竹内文書』**だ。

第21代雄略天皇の御代に大臣となった平群真鳥の子孫にあたる竹内家が代々守り

皇祖皇太神宮天津教を設立した竹内巨麿。
秘書『竹内文書』を明らかにしたことで知られる

続け、同家の養子に入ったとされる**竹内巨麿**が一九二八年三月二十九日にその存在を明らかにしたもので、「記紀神話」との重複もある一方、既知の歴史とかけ離れている部分も多い。

一般には偽書とみなす意見が多い文書だが、その内容は強烈かつ興味深いものだ。

『竹内文書』は宇宙と地球の創世から始まる。そして、黄人、赤人、青人、黒人、白人の**「五色人」**たちが日本へ移住してきたこと、初代神武天皇から今上天皇に至る現在の系譜を「神倭朝」と呼び、それ以前に「天神七代」「上古二十五代」さらに「不合朝七十三代」と続く二百代以上の天皇が存在していたこと、古代の天皇は世界統一政府の統治者として君臨していたことなどが語られる。

そして、上古二代の時代に、世界は十六方位に区切られ、十六人の弟妹たちが世界へ散り、今日まで続くあらゆる文化文明の礎（いしずえ）を築いたこと、世界各国の文明のルーツが日本であった証（あかし）として、天皇家の紋である「十六葉八重表菊形」が古代バビロニアのイシュタル門、エルサレムの嘆きの壁、スペインのアルハンブラ宮殿にも存在していること……などが、まことしやかに論じられているのだ。

文書によれば、**モーセやキリスト**もこの国で学びを得たという。さらに、世界が泥海に沈む天変地異が起こり、アトランティス大陸やムー大陸を思わせるタミアラやミヨイという古代大陸は沈んだとされている。実に壮大ではないか。

だが、ここで注目したいのが、**「神倭朝」以前の天皇が統治していた時代、空飛ぶ船「天空浮船（あまのうきふね）」が存在していた**という記述である。この星に五色の人々が降臨する時から存在していたというこの船は、一日で三万二千キロ以上も飛行することが可能で、古代の天皇はこれに乗り、万国を巡幸したというのだ。

先に記述した大陸が沈むほどの天変地異の際、人類を救ったのも天空浮船だ。これなど、聖書にある**「ノアの方舟」**そのものだ。

金鵄、八咫烏が暗示していること

この『竹内文書』の原書は失われてしまっているが、これらの歴史は古代日本で使用されていた神代文字で書かれていたという。

ちなみに、同じく神代文字（正確には、その一種である豊国文字）で書かれた古史古伝に**『上記』**というものがあるのだが、ここでもやはり天空浮船と同じと思われる存在が登場する。

天皇がこれに乗り、世界の空を飛んだという記述こそないものの、星の神々が〝大鳥〟に乗って高天原（＝太陽系）を巡幸したと書かれているのだ。

望遠鏡が発明されたのは、十七世紀のこと。源頼朝の落胤とされる豊後国守護の大友能直によって『上記』が編纂されたのは十三世紀とされる。

これが正しければ、十三世紀の日本で、いかにして太陽系のことを知り得たのだろうか？

もう一つ興味深いのは、『上記』でも神々の船が〝大鳥〟と形容されていることだ。「記紀神話」でも神の乗り物が「鳥之石楠船神」と称されているように、神そのものが鳥になぞらえられるのは世界中の神話体系に見られる。

こうしたことから、直接的な記述こそないものの、神武天皇の東征軍を勝利に導いた不思議な金の鳥「**金鵄**（きんし）」、同等の存在とも思われる「**八咫烏**（やたがらす）」も、古代の空飛ぶ船の一種とみなす意見も少なからずある。

古文書に記された神々の乗り物を巡る記述は、尽きせぬロマンを今も提供しているようだ。

3 「神々との邂逅」を暗示するフゴッペの刻画

古代の日本（地球）に異星人が訪れていた可能性を示す証拠は、他にもある。例えば北海道積丹半島の余市町にある**フゴッペ洞窟の壁に刻まれた刻画**もその一つだ。

余市町は、ＮＨＫの朝の連続テレビ小説『マッサン』の舞台になったニッカウヰスキーの蒸溜所があることで知られている。この町の東部、余市湾を望む南方約二百メートルの平地に件の洞窟はある。

最初の発見は、一九二七年のこと。国鉄函館本線の土砂除去作業中に、刻画が九点発見されたのだ。だが、この時は大きな話題となることはなく、発掘調査が行なわれることはなかった。その後、戦後しばらく経った一九五〇年、刻画の噂を聞いていた当時中学生だった大塚誠之助氏が当地を訪れたところ、土器片を発見。これをきっかけに、翌年から正式な発掘調査が始められた。調査団には北海道大学の名取武光助教授を筆頭に考古学の専門家が集い、はたして発見されたのが、**宇宙人を想像せずにはいられない刻画**を有するフゴッペ洞窟であった。

描かれたミステリアスな「有翼人」

この地には紀元前三年〜紀元後七世紀の間、続縄文時代の人々が暮らしていたと推測されている。その彼らが残した洞窟の壁には狩りをする人物や舟に乗る人物、四足動物、魚やクジラ、オットセイ、さらには文字のような図形など、八百を超える刻画が残されている。

千五百年〜二千年前のものと推定される線刻画はシンプルながらも、ユニークなものが数多くあり、なかには、全くもって不可解かつ奇妙な図柄が見られるのだ。それが、翼が生えているかのように見える人物像——すなわち**「有翼人」**である。不可解なのは翼だけではない。両腕がだらりと垂れさがった独特の佇いをしており、全体的

フゴッペの刻画にある「有翼人」の図柄。
右上に頭、中央に翼、左には足が見える

になんとも奇妙な、ヒトであってヒトではないフォルムをしていたのだ。

「有翼人」と「遮光器土偶」は同じ神？

ちなみにフゴッペ洞窟ができたのは、およそ六千年前。当時起きた地球温暖化の影響で海面が上昇した際、波によってえぐられたものと考えられている。

こうしてできあがった洞窟内に人が入り込み、刻画を描いたのは千五百〜二千年前と推測されている。

実は、この時代は遮光器土偶が作られた年代とほぼ一致する。そして、遮光器土偶を生んだ亀ヶ岡文化の影響は北海道まで広がっていた。

この二つの事実を考え合わせると、双方向に深い関係性が築かれていてもおかしくはないと思うのは筆者だけだろうか？

かつて北の大地に翼を有した宇宙人が降り立った。人々はそれを天人、つまり神と崇めた。その姿を描いたのがフゴッペの刻画である。そしてこの有翼人が宇宙服を着用した姿を模したのが遮光器土偶なのではないかと……。

もちろん、これは筆者の仮説に過ぎないが、フゴッペ洞窟の刻画たちは、そんな歴史の「if」に思いを馳せさせてくれるほどミステリアスな魅力をたたえているのである。

4 「異形の舟」と「蛮女」の漂着

江戸時代後期、茨城県鹿島の浜に驚天動地の怪異が降って湧いた。奇怪な形をした“鋼鉄舟”が漂着し、異国的風貌の女が降り立ったのである。たちまち話題となり、当時の瓦版でもこの時の騒動を大きく取り上げていた。

事件が起こったのは、一八〇三年二月中旬。**異形の舟**が突如として沖に現われ、嵐に追いやられるようにして、鹿島の浜に打ち寄せられたのだ。誰もが見たこともない釜のような形をしているそれは、高さはおよそ三・三メートル、横幅は五・五メートルほどの大きさであった。海に浮かんでいるから舟だと思われたが、それも定かではない。

人々を驚かせたのは異形の舟の姿や大きさだけではない。

その中から**異国風の女性**が現われたのだ。見かけは十九～二十歳。身長百八十センチあまりの大柄な体に、見たことのない服装、胸元に小さな箱をいかにも大事そうにしっかりと抱えていた。言葉が通じないせいか、現場に押しかけた野次馬を寄せつけようとしなかったという。

この事件は、江戸時代を代表する戯作者・滝沢（曲亭）馬琴の耳にも入り、一八二五年に発表した『兎園小説』の中で**「虚舟の蛮女」**として事件を紹介している。同じく、江戸幕府御家人で国学者の屋代弘賢の書『弘賢随筆』にも、『兎園小説』の原稿の一部と絵図が紹介されている。さらに、一八四四年に刊行された長橋亦次郎の随筆集『梅の塵』にも掲載されたというから、いかに評判を呼んだかがわかるだろう。

この異形の舟と蛮女は、その後どうなったのか？　残念ながらその行方は定かではなく、正体も謎のまま話は終わってしまっている。だが、瓦版だけでなく、馬琴までもが筆を走らせたほどだから、当時としては信憑性の高い事件として取り上げられたのだろう。

「類例のない形状」——虚舟が暗示すること

今日、一連の騒動は**「虚舟漂着事件」**として広く知られている。歴史学者たちは民間伝承であると断定しているが、UFO研究者たちからは**江戸時代のUFO・宇宙人遭遇事件**であるとして注目され続けている。

この主張の依り代(よりしろ)となるのが、事件を伝える古文書に添えられた舟の挿絵(さしえ)だ。目撃証言をもとに描かれた丸窓のついた円盤型で、鉄製といわれるその舟の形状が、いかにもUFOを思わせるからだ。

今から二百年以上も前、世界中のどこを見渡しても、このような異形の舟は存在しなかった。いや、今日においても、海を進む舟はもちろん、地上を走る車両や空を飛ぶ航空機でも、実験機などの特殊なケースを除けばどこにも存在しない。何らかの理由、もしくは目的があって、着水したUFOに類する存在と考えてもあながち的外れとはいえないだろう。

『兎園小説』に収録された「蛮女と虚舟」の図。
目撃証言をもとに描かれたという

実際のところ、国外では海を進むＵＦＯの目撃例が、少なからず報告されている。海面に漂っていたことから推測するに、その正体は大気圏外を飛ぶ宇宙母船から切り離された脱出カプセルや偵察機の一種だったかもしれない。

もしかしたら、蛮女が人に触れさせないほど大事に持っていた箱は、母船との通信装置、あるいはまた機体をコントロールするための特殊装置であった可能性もあるだろう。

解読不能――謎めいた〝宇宙文字〟

実は、事件の謎を解く鍵となるものが、もう一つある。それは『兎園小説』の挿絵に描き残されている、記号とも考えられる奇妙な文字である。これもまた事件当時、世界のどこにもこうした奇妙な文字＝記号の類いは存在しておらず、**謎めいた〝宇宙文字〟**として大いなる謎となっている。

その〝正体〟については「オランダ文字説」が唱えられたこともある。葛飾北斎の弟子であった柳々居辰斎や、同じく江戸後期に活躍した浮世絵師・渓斎英泉が描いた

渓斎英泉作・「六郷渡」。
絵のまわりを謎めいた文字が囲んでいる

西洋風の風景浮世絵「六郷渡（ろくごうのわたし）」には、東インド会社のオランダ文字にも似た白抜き文字が額縁代わりに配置されている。オランダ文字説は、蛮女とともに書かれた謎めいた文字がこれを模したものだとする主張だ。

だが、類似性が認められたのは東インド会社のロゴマークに似たものだけで、結局、〝宇宙文字〟が何を表わしているのかを読み解くことはできなかった。

いや、解けるはずがない。なぜなら〝宇宙文字〟は、オランダ文字をコピーした〝もどき〟ではないからだ。

理由はごく単純で、「六郷渡」が描かれたのは一八二〇～三〇年頃。対して、〝宇宙文字〟が記された瓦版は、古くは一八〇四年に発行されたものが発見されているからだ。

「実態のあるミステリー」として脚光

虚舟は本当にUFOだったのだろうか？

だが、残された挿絵に描かれた舟に推進装置はなく、「空を飛んだ」という記述もないので、UFO説は怪しくなってくる。

その後の研究では、事件は滝沢馬琴の創作であり、瓦版は馬琴の創話をもとに書かれたのではないかという主張もなされた。それゆえ、虚舟事件は〝創作＝フィクション〟であるという見方が根強くあるのも事実だ。

だが、そうではなかった。

なぜなら、二〇一四年になって、驚くべき発見があったのだ。虚舟研究の第一人者で量子光工学が専門の、田中嘉津夫岐阜大学名誉教授によって、なんと、**漂着地が明確に記された新たな文書**が発見されたのである。

新しく見つかった文書は、甲賀流伴党二十一代目宗師家として知られる川上仁一氏が所有していたもので、川上氏が習得した甲賀流忍術（伴家忍之傳）を伝える伴家の古文書の中にあったものだという。忍者だった先祖が各地の風聞・噂を集めた文書の一つではないか、ということで、田中教授はこれを「伴家文書」と呼んだ。

実物を見ると、そこには漂着現場が「常陸原舎り濱」と記されていたのだ。この地名は、江戸時代の常陸国鹿島郡に実在し、伊能忠敬が作製した『伊能図』（一八〇一年調査）に掲載されており、その場所こそ、現在の神栖市波崎舎利浜なのである。

この発見により、虚舟事件が伝説から**ＵＦＯ飛来を記録した歴史的事件**へと進化した。江戸時代の舎利浜で、やはり、ＵＦＯと乗員の遭遇事件が起こっていたのだ。この事実が広く認められ、史実として事件の研究が進んでいけば、新たな発見がもたらされる可能性は大いにある。今後の動向に注目したい。

仙境異聞！　天狗にさらわれた少年寅吉の謎

日本の民間信仰で神、山人、精霊、あるいは妖怪とも魔物ともつかぬ伝説的な生き物に**「天狗」**と呼ばれる存在がいる。奈良時代に編纂された『日本書紀』に初めて登場して以来、天狗は様々な形で語り継がれてきた。その姿は、背中に翼を有し、山伏のようないで立ちで、風を自在に操る扇を持つという。

だが、特徴的な赤ら顔の中心をなす鼻についての描写は一定ではない。高い鼻もあれば長い鼻（高鼻天狗）もあり、あるいはくちばしのように尖った鼻先をしている天狗（烏天狗。木の葉天狗とも）も存在していたという。

同様に、正体については「記紀神話」に登場する国津神のサルタヒコと同一視された存在という説、未確認生物の一種とする説など諸説ある。

そして、その正体はどうであれ、信じがたいことに**天狗と親交を深め、弟子になり、はては特殊な力を授かったと語る人々**は、幼少期の源義経を筆頭に何人も実在する。

とりわけ有名なのが江戸時代に〝**天狗小僧**〟と呼ばれた**寅吉**であるのだが、彼の語った逸話を読み解くと、**宇宙人によるアブダクション（誘拐・拉致）としか考えられない事件**であることが判明する。

さっそく、伝えられる寅吉の怪奇譚を見てみよう。

「異界からの帰還者」が語る摩訶不思議な世界

寅吉は、江戸下谷七軒町の煙草商、越中屋与惣次郎の長男として、一八〇六年にこの世に生を享けた。幼い頃から不思議な力を有していたようで、五、六歳の頃から未来のことを言い当てたりすることもあったという。そんな彼が奇妙な薬売りの翁に出会ったのは、一八一二年四月。七歳になった寅吉が、上野の五条天神社の大参道を散

策していた時のことだ。

齢五十ばかりの翁が参道で露店を出していた。やがて日が落ち始め、店をたたむ刻限になると、並べていた薬や小つづら、敷物をいそいそと片づけ始める。

寅吉が仰天したのはその時だ。なんと、翁が目の前一面に並べていた商売道具の一切合切を径四寸（約十二センチ）ほどの壺にしまい込んだのだ。そればかりではない。その壺の中に自らの体まで押し込んだかと思うと、いずこともなく消え去ってしまったのだ。

摩訶不思議な翁に魅せられた寅吉は、毎日のようにこの薬売りのもとを訪れ、縁を結んだ。そしてある日、ついに謎めいた壺に入る機会を得たのである。

はたして、寅吉が連れていかれたのは、天狗の住まう山人界（仙界）であった。実は、この翁は、常陸国の岩間山（現在の茨城県、愛宕山）の天狗界を主宰する山人（仙人）の化身、**杉山僧正**という天狗であったのだ。

寅吉が語るところによると、杉山僧正はその姿こそ五十歳ほどに見えるが、彼の属する山人界では七歳だという。ただし、山人界の一歳は人間の六百歳に当たるというから、すでに四千年以上も生きていることになる。岩間山には十三天狗がおり、杉山僧正はその首領として、配下の天狗たちとともに日々神に近い能力を得るための修行に明け暮れていたという。寅吉は杉山僧正の弟子となり、実に五年（一説には七年）もの長きにわたって修行に励んだと後に語っている。

寅吉の語る天狗界は実に興味深い。彼ら天狗は岩間山にある愛宕神社の社殿に住んでいたというが、数メートル四方しかない社内は少しも狭く感じられなかったというのだ。しかも、彼らがそこにいたとしても一般の参詣者にその姿は見えず、彼らの話す声も参詣者には聞こえないのだというから、一種の異次元世界であったのかもしれない。

不思議なことは他にもある。例えば、食物。天狗たちは村人が供えたものを食べていたそうだが、いくら食べても一向に減る様子がなかったというのだ。また天狗たちは同じ服を着続けていたというが、厳しい修行を重ねても擦り切れたり、古びたりすることはなかったようだ。それ以外にも、鉄砲のような武器を持っていた、鉄の獣がいた、など不思議な話は枚挙にいとまがないが、極めつきが、**宇宙に行ったと思われる証言**だ。

「天狗」――その正体とは

寅吉は天狗とともにしばしば空を飛んでいるが、「雨が降ることも風が吹くこともない、天候が穏やかな場所まで上がった」と語っていることから、時に雲の上に達していたと思われる。しかも、月面を観察できるところにまで連れていかれたようで、「(月の)兎が餅をついているところには穴があいていた」と特徴的なクレーターの存在を認識していたのだ。

さらに、月以外の天体にも行ったと語っている。その時の「近づくほど、ぼうっとした〝気〟のように見え、通り抜けると、星自体が気の凝縮したものだと感じた」という証言は、木星のようなガス天体を指していると考えられる。

だとすれば、寅吉は宇宙空間に飛び出していたことになるが、実際、大地は丸かったとも語っていることから、**宇宙空間から地球を見ていた可能性は高い**といえるだろう。

天狗たちは宇宙にも到達できる特殊能力があったのだろうか？　仮に天狗が伝承にあるように、神に近い存在であったとすれば、もちろん可能だろう。だが筆者は、寅吉が出会った天狗たちが宇宙人であったのではないかと思えてならない。実際、そう考えると腑(ふ)に落ちる話が多いのだ。

宇宙はおろか雲の上にも人類が到達していない江戸時代、寅吉がなぜ地球が球体であること、成層圏の様子、月のクレーターやガス天体の存在を知り得たのか？

その鍵を握(にぎ)るのは、寅吉の心を捉えて離さなかった「壺」の存在である。寅吉は空に上がる時、耳が詰まるような独特の体験をしたとも語っている。これは、ジェット

平田篤胤が天狗小僧・寅吉の聞き書きをまとめた『仙境異聞』。
左は寅吉の書いた意味不明の文字

機などで急上昇した時に一時的に耳が詰まる状態を表わしていると考えれば、**壺は急上昇も可能な航空機＝ＵＦＯであった**と考えたほうが、むしろ話の辻褄が合うのである。

寅吉が参道で目撃した杉山僧正の奇怪な行動も、人間離れした姿も、彼らの住まう場所が不可視であること、古来より日本各地に伝わる「天狗の隠れ蓑笠（みのかさ）」のような伝説も、宇宙人であったとすれば納得がいく。今日の文明、科学の知識がなければ知り得ない地球や他天体のことを寅吉が知っていたことは、何よりもその証左であろう。

もちろん、すべてが寅吉の妄想（もうそう）の産物である可能性は否定できない。

だが、寅吉にぞっこん惚れ込んで、彼の体験を『**仙境異聞**』で後世に伝えた国学者の**平田篤胤**をはじめ、佐藤信淵や伴信友など、当時の名だたる学者たちが入れ替わり立ち替わり寅吉を質問責めにしても、言い淀むところがないばかりか、少年とは思えぬ博識ぶりをこれでもかと見せつけたというから、仮に妄言だとしたら見事としか言いようがない。

寅吉の体験はエイリアン・アブダクションだった？

実は、江戸時代には、天狗にさらわれた少年が彼らの弟子となり、様々な知識を授かったという事件――「天狗隠し」がたびたび発生している。この天狗隠しは神隠しの一種のように捉えられてきたが、ここまで記してきたように、天狗＝宇宙人であった可能性が高い。

つまり**天狗隠しは**、**今日でいうエイリアン・アブダクションに近しい事象であった**と考えられるのだ。ＵＦＯの歴史においては、一九六一年にアメリカで発生したヒル夫妻誘拐事件が、アブダクション事件が公式に報道された最初の事例とされているが、平田篤胤の著作によって後世に伝えられた寅吉の体験は、日本初なのはもちろん、世界初であったかもしれない。

古くは『古事記』や『日本書紀』の時代より語られている神秘的な事象の多くは、神話的、あるいは伝説、説話的なものとされてきた。だが、超常現象的に語られる事象は今日的な科学文明を有さないがゆえの表現であって、読み解く角度を少し変えることで、全く別の事実が浮かび上がってくることがある。寅吉の体験は、まさにその好例といえるだろう。

6 人々に救済をもたらした謎の「神火」

『旧約聖書』の「出エジプト記」に記されているような主（＝神）の導きによる〝奇跡〟が江戸時代の日本で幾度も起きていた。しかも、その奇跡をもたらしたのが「謎めいた飛行物体」であったとしたら驚くだろうか。

実はこれらの事実は都市伝説的な伝承ではなく、れっきとした古文献に記録として残されている。

そのうちの一つが、本島知辰（月堂）が一六九七年から一七三四年にかけて江戸や京都、大坂で収集した見聞を記録した『月堂見聞集』に記された**丹波の奇跡**である。

江戸の中期にあたる享保の時代は、第8代将軍の徳川吉宗の治世によって、民衆の生活もようやく戦乱の窮乏から脱して安定しつつあった。

だが、一七二二年の八月四日、四国、山陰、奥羽（現在の東北地方）を中心に、洪水被害が日本各地で発生。丹波国（現在の京都府中部と兵庫県北東部の一部にあたる）の額田村も深刻な被害を受けた。折からの豪雨によって、村を流れる川はたちまち氾濫。濁流と化した水が村に襲いかかった。水かさは時々刻々と増していき、夜になる頃には民家の床上まで達した。

村人たちは家財を移動する間もなく屋根の上を目指すか、大木につかまるなどして逃げ惑った。夜明け前には荒れ狂う水が屋根の上に到達する。それどころか、村そのものが水没するのも時間の問題だ。なす術もなく村人たちが絶望に打ちのめされていたその時、海に面した小山の方角に、まるで**松明の灯りのようにも見える巨大な〝光り物〟**が二つ現われた。

その大きさは七十間（約百二十七メートル）ほど。空中低く、光る大きな目が二つ現われたかのようだったという。人々が呆然と天空を見上げる中、その巨大な光り物は今まさに村をのみ込もうとする濁流を堰き止めると、そのまま小山に向かって飛び去っていったのである。

次の瞬間、水かさはぐんぐん減り、やがて泥土と化した田畑が露わとなった。奇跡的に水が引いたのだ。

助かった……。安堵したのも束の間、光り物が飛び去った方角に向き直った村人たちは腰をぬかさんばかりに驚いた。あろうことか、小山が中央から真っ二つに割れていた。そればかりではない。左右に分かれた小山の間に百七十間（約三百十メートル）ほどの空間ができており、光り物が堰き止めた水はそこを通って海へと流れ出ていたのだ。

小山を真っ二つに切り裂く奇跡を起こしたのが「謎の光り物」であることは想像に難くない。そこでその正体を読み解くために、和歌山に出現した光り物が起こした奇跡を見てみよう。

荒れ狂う海を鎮めた「ミステリアスな物体」

大規模な地震が発生した時、その現場付近にＵＦＯらしき物体が出現した記録が残る江戸時代の古文献はいくつかある。

その一つに鹿島神社（和歌山県日高郡みなべ町）に所蔵されているという宝永五年（一七〇八）の古い文書によると、一七〇七年十月二十八日午後二時、紀伊半島沖を震源地とする東南海地震**「宝永の大地震」**が発生。マグニチュード八・四級と推測されているほど大きなこの地震では、本州をはじめ四国、九州の太平洋沿岸に大津波が押し寄せ、甚大な被害がもたらされたと記録されている。

この時、和歌山県で奇怪な現象が目撃されていた。

その大津波が来襲した時のことだ。沿岸の南部町にある猪野山（現在の和歌山県日高郡みなべ町東端の沿岸部にある）に避難していた人々が異様な光景を目撃したのだ。おりしも古代より神の島と崇められてきた鹿島（標高二十七メートル）の沖から、その鹿島を五つ、六つ重ねたくらい巨大な津波が押し寄せてきた。

「これをくらったら、町はひとたまりもない」

人々が死を覚悟したその時、津波の中に怪しく白く光る円形の物体が漂うのが見えた。人々にはそれが神罰か、海の怒りの象徴のように感じられ、恐怖心は一層強くなった。

「もう、だめだ！」

人々がそう観念した時だ。接近してきた大津波が、突如として大小二つに割れたのである。そして、大きい津波は勢いはそのままに、白色の円形物体に導かれるようにして南部の岸を避けるように移動。残された小さな津波は岸に到達したものの騒ぎ立てるほどの規模ではなくなっていた。

やがて芳養沖あたりにまで波が引いていった時、怪物体は海面から離れて浮上。そのまま鹿島に鎮座する神社を目指して飛んでいったのである。

はたして、南部の町は救われた。目撃した村人たちは、謎の物体が巨大な津波を分割し、その勢いを緩衝してくれたと確信している。そしてこの物体は、**鹿島の御神体がもたらした「神火」**だと語り継がれ、今でも八月になると奉納祭が行なわれているのだ。

また、現在の愛媛県南端にある愛南町正木の蕨岡家が所蔵した文書群から発見された短い記録、『嘉永七甲年寅大地震記録』にも神火についての記述がある。

そこには、一八五四年十一月五日午後四時すぎ、地震が発生した時に、押し寄せる津波を逃れて猪野山に登った人々が、**南西の海上に立つ光の柱**を見る様子が書かれているのだ。

怪異はそれだけではない。津波が鹿島の宮がある山に押し寄せた時、ドーンという大砲を撃った時のような轟音(ごうおん)が周辺に鳴り響く。と同時に津波は大小に割れて、大きいほうが田辺湾のほうに引いていったというのだ。この時、神火は目視されていないが、奇跡の様(さま)は「宝永の大地震」の時と瓜(うり)二つである。やがて夜になると、**鹿島の山から神火が出現**。まるで警戒するように一晩中、海上を漂い続けていたという。


二度にわたり神火に救われた鹿島周辺には様々な神々が祀(まつ)られているが、神火を連想させる伝承が他にも残っている。それは人々が津波を逃れるために登った猪野山の道祖神(どうそじん)にまつわる話で、熊野詣(くまのもう)でをしていた天王寺（四天王寺の略称）の和尚(おしょう)が金色に光る舟が海の上を滑(すべ)るようにして消えていくのを目撃したという例もあるのだ。おそらく、神火と同じ、もしくは似た存在であることは間違いないだろう。

いずれにしても、この**巨大な津波を分割するほどの奇跡を起こすことができる神火の正体**とは、いったい何だったのか？　筆者は、その正体を知るヒントは古代エジプトにあると考えている。冒頭で触れたように、「出エジプト記」に残る記述と、それにまつわる逸話に神火らしき存在が語られているからだ。

「出エジプト」との驚くべき共通点

逃げ惑う人々を救う「神火」――その出現の実例は、『旧約聖書』の「出エジプト記」にも残されている。筆者が神火とにらんでいる存在は、第十三章二十一節で、

「主は、彼らの先立ちとなられ、昼は、雲の柱のような形に現われて道を教え、夜は火の柱のような姿で彼らを照らされた。こうして彼らは、昼も夜も歩きつづけることができた」

と描写される主（＝神）による導きの存在として登場する。そして、その存在が第十四章において、奇跡を起こす。

エジプト軍に追われるモーセとイスラエルの民たちのため、この雲と火の柱は導くように寄り添い、時にエジプトの軍勢をかく乱した。そして彼らの行く手を海が遮（さえぎ）った時に**「天空より大いなる〝火〟が降下して、紅海を分け、イスラエルの人々を対岸に渡らせた」**のである。

チャールトン・ヘストンが主演したハリウッド映画『十戒』の海を割るシーンはあまりにも有名だが、江戸時代の日本で起きた奇跡と重なって見えるのは筆者だけではないだろう。

だが、注目してほしいのは、この正体について当時なされた考察である。

それはダマスカスのラムセス王子が古代エジプトの王セソストリスに宛てた一通の手紙に記されていた。ラムセス王子はその中で、

「それは『シェキナ（＝SHEKINA）』と呼ばれる天空から降下した物体だった」

と明記しているのだ。

古代、天空から降下してきた物体が神（＝宇宙人）の乗り物であることは、世界中の神話や伝承で語られてきたことだ。モーセに道を示したのが神であり、その〝導き手〟のような存在が雲と火の柱であったとすれば、それらは天空の乗り物であった可能性が出てくる。

つまり、**「出エジプト記」でモーセらを導いたのも、地球外由来の飛行物体に乗った〝宇宙人＝神〟**だったと考えられるのだ。

この「シェキナ」が謎の飛行物体だったとして、もう一つ注目したいのが言葉の響きである。筆者はこの「シェキナ」という言葉の響きが「神火」に通ずるものがあると感じている。つまり、エジプトから長い道のりを経て日本に伝わり、この国で土着化していくうちに日本語で同様の意味をなし、響きも近い「神（しん）」と「火（か）」に当てはめられた。そう推察するのは乱暴すぎるだろうか？

いずれにしても、それを証明するのは難しい。だが、イスラエルと和歌山の人々が目の当たりにした〝奇跡〟は、偶然の一致で片づけられないほどよく似ている。やはり、かつてイスラエルの民を救った〝神＝宇宙人〟が江戸時代の鹿島に、いっとき降臨していた。そう思えてならないのだ。

2章

暗闇にうごめく妖（あやかし）の者たち

……「皇命にあだなす者」は歴史にどう記録されたか

両面宿儺――二つの顔をもつ伝説の鬼神

第16代仁徳天皇の時代（四世紀頃）、現在の岐阜県北部にあたる飛騨の丹生川に現われたとされる異形の鬼神「**両面宿儺**」。今日では人気コミックに登場し、**最凶最悪の「呪いの王」**として知られているが、実際の伝承はどんなものであったのだろうか？

『日本書紀』によると、宿儺はそれぞれが反対側を向いた二つの顔をもつとされている。顔が二つあるが、頭頂で合しているため、うなじはない。対して胴体は一つだが、手も足も顔の数に合わせて四本ずつある。ただし、四本の足にひかがみ（膝のうしろのくぼみ）と踵はなかったとされている。このように、あるべきものがなく、ないは

異形の鬼神・両面宿儺像（千光寺所蔵）。
飛騨地方には今もなお、その伝説が残る

ずのものがある、文字通り異形の存在であったようだ。

鬼神と称されたことから、屈強であることは容易に想像がつくが、その動きはきわめて敏捷（びんしょう）であったという。両足が二対あることの利を活（い）かし、前後左右と動き回る。同じく四本の腕は力強いばかりか、手も器用でもあったようで、左右に剣を帯び、二張りの弓矢を自在に操ったと伝えられている。

その活躍の伝説も、その異形と同じように、二面性を帯びている。**『日本書紀』においては凶賊（きょうぞく）**とされているが、岐阜県における**民間伝承**

ではその真逆で、**毒龍退治をなした豪傑**であると伝えられているのだ。
それぞれがいかなるものなのか、さっそく見てみよう。

「まつろわぬ民」か、「英雄」か

『日本書紀』で描かれる宿儺は、皇に従わない、いわゆる〝まつろわぬ民〟であった。世の理に縛られることなく、村里を荒らし回る。人々から奪うのは食べ物や金品だけでなく、ときには婦女子も略奪した。宿儺は生きるために蛮行を行なうわけでなく、そうした残虐行為自体を楽しんでいた。そうした宿儺のもとに、ならず者が集って暴れ回るものだから、人々は困り果てていた。

やがて宿儺の悪行は仁徳天皇の知ることとなり、和珥臣の祖である武人の武振熊が遣わされた。両面宿儺は、前後両面の顔と計八本の手足を駆使し、激しく抵抗したが、隠れ家である出羽ヶ平の岩窟（現在の飛騨大鍾乳洞あたり）を突き止められてしまう。そして一瞬の隙を突かれ、ついに首を取られてしまった。これが、『日本書紀』＝「史実」における宿儺の最期だ。

しかし、宿儺が活動拠点とした飛騨や美濃にかけての旧飛騨街道沿いで語り継がれた伝承では、全く異なる英雄譚として語られる。真逆ともいえる両面宿儺のもう一つの顔を見てみよう。

高山市丹生川町にある千光寺は開山の祖として両面宿儺を祀るが、寺の縁起が記された『千光寺記』では、宿儺は八賀郷日面出羽ヶ平の岩窟から出現したとある。その身長は十八丈（五十四メートル）にも達したという。両面に四腕四脚の異形の姿は救世観音の化身であり、千光寺を開いたとされている。同じく丹生川町の善久寺も、その創建は宿儺と伝えられるが、ここに伝わる宿儺は「帝の命を受けて、位山の鬼『七儺』を討った」とある。

〝双子の豪族〟だった⁉

このように、両面宿儺は「皇命にあだなす存在」として語られる一方で、〝お膝元〟の岐阜県では寺院の開基となった英雄的存在であった。ちなみにアカデミック

両面宿儺と同じく「皇命にあだなす存在」は
「土蜘蛛」と貶められて歴史に刻まれた

な見解では、「地方豪族である」というのが定説だ。その姿が異形の者と化したのは、『日本書紀』や『風土記(ふどき)』でしばしば語られる**「土蜘蛛(つちぐも)」**と同じく、**王権に反旗を翻(ひるがえ)す者たちを蔑視(べっし)して伝えられた**からだという。

この説に従えば、宿儺は四世紀頃に王権の前に膝をついたものの反旗を翻した飛騨地方の豪族、あるいは王権による征服で服属を強いられた豪族の象徴、もしくは特定の有力者であった可能性が高いという。

もしこの説に従って、宿儺が地方豪族の有力者であったとすれば、現地の者たちにとっては土地を護るために戦う救国の英雄である。いつの時代も戦いの勝者が過去の歴史さえも塗り替え、後世に伝えてきた。勝者が編纂した『日本書紀』もまたしかり、ということだろう。

いずれにしても、これだけでは〝両面〟という最大の特徴が説明できないが、**双子の豪族であった**という見方ができるという主張もある。確かに、これらの説を積み重ねれば、辻褄が合う部分も多い。だが、巨体や、焔（ほのお）を吹き出して悪霊を追い払ったという伝承の説明にはならない。

さらにいえば、史実的な伝承に整合性がとれていない部分が少なからずある。例えば、宿儺を退治したとされる武振熊は仁徳天皇の時代ではなく、神功（じんぐう）皇后や第15代応神（おうじん）天皇の時代（三世紀後半～四世紀初頭）に活躍した武将であるのだ。

もちろんこれは、史実と英雄譚が語り継がれる過程で、様々な伝承や信仰と交じり合って形成された結果とも考えられる。だが、それゆえに、誤った歴史観と同時に、真実の断片が潜んでいるとも考えられるだろう。

2 悲しき敵役——異形に表現された「鬼」の正体

日本の妖怪といえば、河童（かっぱ）、天狗、そして、ここで紹介する**「鬼」**を思い浮かべる方が多いだろう。民間信仰や民話、伝承にしばしば登場する鬼は牙（きば）を生やして、いかにも恐ろしげな表情。細かくちぢれた頭髪の間からは一本、もしくは二本の角を生やす。屈強な体軀（たいく）には、トラの皮の腰布、ふんどしを身に着けている。肌の色については複数種が存在したという説があり、もっともよく知られる赤鬼、青鬼の他にも緑鬼、黄鬼、黒鬼もいたという。

今日に伝わる鬼のイメージは、閻魔大王（えんまだいおう）に仕え、地獄で亡者に責（せ）め苦（く）を与える獄卒（ごくそつ）のイメージが強い。また、時として人をも喰（く）らう「悪しき存在」として認識されることが多いだろう。毎年訪れる節分において、鬼は厄災をもたらす者と捉えられ、苦手とされるヒイラギとイワシの頭を玄関先に飾り、これを遠ざけるという風習が今も全国に残っている。

その一方で、鬼は「吉兆をもたらす存在」として受け入れられている地方も少なからずあるのも忘れてはならない。例えば、青森県弘前市には鬼を神と祀る鬼神社がある。当地では、里に下りてきた鬼が人々を助け、ともに遊んだと伝えられており、厄災から守ってくれる存在として民間信仰の対象となっているのだ。

ちなみに、日本最古の鬼伝説は、紀元前三世紀頃、西を巡幸していた第7代孝霊天皇の英雄譚に残されている。伯耆国（現在の鳥取県西半部）にそびえる鬼林山で鬼が暴れ、民を困らせているという話を聞きつけた天皇は歯黒皇子を派遣。鬼たちを挟み撃ちにして、これを撃退した。孝霊天皇の知略にはまった鬼はついに降参し、改心して家来になったというものだ。だが、この伝承の〝ご当地〟である現在の鳥取県にさえ、村の守護者として鬼を崇めている地域が複数あるのだ。

今日の鬼＝悪しき者の構図は中世以降、能楽における英雄譚の敵役とされたことに起因するとされている。とはいえ、伝承される鬼たちの多くは、悪行の限りを尽くす存在であることも事実である。ここで、代表的な鬼伝説を見てみよう。

◈酒呑童子——大江山の鬼の頭目

鬼伝説は日本全国に様々な形で残されているものの、とりわけ有名なのが**「酒呑童子」**であろう。今日ではソーシャルゲームにも登場し、配下の茨木童子とともに女性キャラクター化されている酒呑童子だが、伝説のそれは滴る血を酒のように飲み、若い婦女子の肉を喰らったともされる鬼の頭目である。茶色の明るい髪に明るい瞳、対して肌は燃えるように赤く、その体軀はいかにも巨大であったという。

酒呑童子の伝承は大別して、京都府北西部、丹後地方にある大江山由来と滋賀県と岐阜県にまたがる伊吹山由来とがある。

その出生については越後や大和など諸説ある。法師を殺して奔走した山寺の稚児が、大江山にたどり着いた。戸隠山の申し子であったが、焼き捨てた恋文の煙にまかれて鬼と化した。須佐之男命に敗れて丹波に下った八岐大蛇が豪族の娘に産ませた子で、祭礼時にかぶった鬼の面が外れなくなって鬼となってしまった。寺の子として生まれたが、牙や角が生えてきたために捨てられて鬼となった……など。

しかし、大江山を拠点として以降の伝説に差異は少ない。右腕の茨木童子をはじめ配下の鬼たちを従え、金棒や刀を振り回し、平安京を夜な夜な荒らし回ったというものだ。

時は平安中期、第66代一条天皇の時代、都では若者や姫たちが神隠しに遭うという怪異が続いていた。**安倍晴明**が占ったところ、浮かび上がってきたのが大江山に巣食う鬼、酒呑童子とその一派であった。

童子はさらった姫たちを側に仕えさせ、刀で切っては血肉を喰らっているという。

天皇はただちに**源頼光**と藤原保昌に童子討伐を勅命。これを受け、頼光たちは配下の渡辺綱、卜部季武、碓井貞光、坂田金時（この四人は**源頼光の四天王**といわれる）とともに、山伏を装って大江山の拠点へ潜入する。

警戒する鬼たちの詰問をかわしながら酒を酌み交わし、神から授かった毒酒を呑ませることに成功。はたして、童子たちが酔いつぶれたところを文字通り寝首をかき、

大江山の鬼・酒呑童子は
寝首をかかれてなお源頼光に喰らいついたという

首を落としたのである。

ちなみに酒呑童子を切った刀は**「童子切(どうじぎり)安綱(やすつな)」**と呼ばれ、今では天下五剣の一つとして名刀の名をほしいままにしている。

酒呑童子は首だけの存在となってもなお、頼光に喰らいついたというから恐ろしい。頼光は機転をきかせて難を逃れ、茨木童子ら配下の鬼たちも四天王たちとともに打ち倒した。

その後、頼光は酒呑童子の首級とともに京に凱旋(がいせん)。首級は天皇の検分を受けた後、宇治(うじ)の宝蔵(ほうぞう)に納められたという（別説で、酒呑童子の首級は老ノ坂峠(おいのさかとうげ)でどうにも持ち上がらなくなり、仕方なく塚を作って埋められ、後に立てられた首塚大明神で今も眠り続けているという説や、大江山に埋められたという話もあり、首の行方については諸説ある）。

自然を操る神通力を有した「鈴鹿山の大獄丸」

この酒呑童子を凌ぐほどの神通力を有していたとされる鬼がいる。

今日、語られる機会は少ないものの、第50代桓武天皇の時代に、伊勢国（現在の三重県）と近江国（現在の滋賀県）の国境にある鈴鹿山をねぐらにした**「大獄丸」**は、空を自在に飛び、暴風雨や雷電、火の雨を操ることができたという。十丈（三十・三メートル）の体軀を誇り、三万騎もの討伐隊を相手に三年も抗い続けたという。さらに坂上田村麻呂に名刀・騒速で首を切り落とされて絶命した後に復活したというから、文字通り鬼神のごとき存在と呼んでいいはずだ。

酒呑童子と同様に大獄丸の伝説にも諸説ある。興味深いのが、鈴鹿山とその周辺地域が伝説の中心地であるものの、遠くは東北の地でも語り継がれていることだ。

この事実を鑑みて、古の時代は大獄丸のほうがより広い地域にその名が広がり、恐

美女に化け、鳥羽天皇を籠絡した玉藻前。陰陽師に妖狐の正体を見破られた

れられていたのではないかと筆者は推測している。いずれにしても、討伐によってもたらされた首級は珍重され、やはり宇治の宝蔵に納められたとされている。

なお、酒呑童子と大獄丸の首級が奉納された宇治の宝蔵には、他にも**金毛九尾の狐が化けた美女**で、第74代鳥羽天皇に愛されたが陰陽師に見破られ、那須に飛び去って殺生石になったという**玉藻前**の遺骸が秘蔵されているという。

ただし、ここでいう宝蔵は中世期の説話や伝承に登場する架空の経堂とされ、実際の宇治の宝蔵にこれらが収蔵された記録はないとされる。一方で、宝蔵があった場所は平等院の阿弥陀堂の南西にあるとされているから、史実と伝説が渾然一体となって語られているのがわかる。

それゆえに、空想上の存在とされる鬼の伝承にも史実の断片が紛れ込んでいると筆者は考えるが、実際にその可能性は少なくないのだ。

「鬼」とは、いったい何者なのか？

悪鬼あるいは鬼神として悪行の限りをつくした酒呑童子と大獄丸、あるいは玉藻前は、忌むべき存在であったろう。だとすればなぜ、その首級は宇治の宝蔵に納められたのだろうか？

伝承によれば、宝蔵に納められていたのは他に『源氏物語』の「雲隠」の巻、万葉歌人・山上憶良の幻の自選歌集などであったという。たとえ、それが空想であったとしても、こうした文化遺産と鬼の首級や妖狐の遺骸ではあまりにも乖離している。違和感を覚えるのは筆者だけではないはずだ。

これについて、文化人類学者の小松和彦氏によれば、名だたる妖怪を退治した支配者にとって、これらの遺物は戦利品であり、強大な妖怪にも勝る力を有する者であることを象徴するものだと推測できるという。

実は、この主張は鬼の正体についての仮説ともリンクしている。その仮説とは、**酒吞童子をはじめとする鬼の討伐伝の多くは、地方豪族など「皇命にあだなす者」を征圧した記録**であり、その行為を正当化するために、相手を討伐されるに値する者＝悪しき存在として語り伝えたとするものだ。

つまり、鬼の首級として伝えられたものは、例えば有力な地方豪族のそれであり、小松氏によれば魚拓(ぎょたく)のようなものであったという。だとすれば、戦利品として、おそらく朝廷の宝物庫(ほうもつこ)と同等の存在であったろう宇治の宝蔵に収蔵されたのも理解できるだろう。

3 桃太郎伝説の裏に秘された異人「温羅」

現在の岡山県南部にあたる吉備地方には、かつて「温羅」という鬼がいた。その出自は朝鮮半島の百済から、戦いを逃れてきた皇子と伝えられている。

だが、「鬼神」という異称がある通り、姿形は鬼そのものであったという。虎や狼のように鋭い眼に、燃えさかる焔のように赤い頭髪。一丈四尺（約四・二メートル）の巨体と、その体軀に見合う怪力を誇った。さらに、自在に姿を変える「変身能力」を有していたとされている。

その討伐伝の一部が『古事記』や『日本書紀』にも記されている「吉備の鬼伝説」をさっそく見てみよう。

百済を逃れた温羅は、流れ着いた吉備の地に拠点となる「鬼ノ城」を築き、一帯を支配下に置いていた。その気質はきわめて狂暴。気に入らない者がいれば鬼の釜で茹でる。家畜を殺し、婦女子を辱め、都への貢物を奪うなど、悪行の限りをつくしたという。

吉備の人々は温羅の傍若無人ぶりに困り果て、都へ窮状を訴えた。これを知った第10代崇神天皇は軍を派遣するも、変身能力をもつ温羅と戦いに長けた配下の兵たちを攻略することができず、撤退を余儀なくされる。そこで崇神天皇は、第7代孝霊天皇の子にして四道将軍（崇神天皇の時、四方の征伐に派遣されたという将軍）の一人、**五十狭芹彦命**の吉備への派遣を決定。実はこの五十狭芹彦命も変身能力をもっていたというから、温羅討伐に適任であったのだ。

はたして、現在の吉備津神社にあたる地に本陣を構えた五十狭芹彦命は、鬼ノ城に立てこもる温羅めがけて二本の矢を放ち、見事、温羅の目を射抜いたという。形勢が不利と見た温羅が雉に化けて逃走すると、五十狭芹彦命はすかさず鷹に身を変えて追いかける。さらに温羅が鯉に姿を変えると、五十狭芹彦命は水鳥の鵜に変身して追い詰める。はたして温羅は捕らえられ、あえなく首をはねられてしまう。

だが、温羅の伝説はここで終わりではない。その後、温羅はさらし首となるのだが、死してなお目を見開いてはうなり声をあげていたという。温羅討伐の功績で**吉備津彦命**と呼ばれるようになっていた五十狭芹彦命は、部下の**犬飼健命**に命じ、温羅の首を犬に食わせて髑髏にしたが、それでもうなり声がやむ気配はなかった。そこで吉備津彦命は吉備津宮の御竈殿の釜の下、地中深くに埋めることにしたが、その後も十三年の間、静まることはなかった。

さすがの吉備津彦命も打つ手がなく困り果てていたが、ある夜、夢枕に立った温羅の言葉に従って神事を行なうと、ようやくうなり声が治まった。そして驚くことに、その後の温羅は吉凶（運や縁起のよしあし）を占う存在に転じたとされている。

だが、こうした伝承とは別に、温羅が全く異なる存在として語られる異説もある。いったい、どんなものなのだろう？

なぜ「うらじゃ」の祭りが今も続いているのか

宿儺の項でも触れたように、歴史は戦いの勝者が自分の都合のよいように書き残すものだ。**つまり温羅もまた、「まつろわぬ民」（服従しない民）としてヤマト王権によって討伐された地方の豪傑であったかもしれない。**実際、温羅の伝説には、吉備国に大いに貢献したという英雄譚もあるのだ。

吉備国は古くから朝鮮半島の国々と交流があったといい、温羅はその縁もあって百済から流れ着いたという。戦いを逃れてきたという渡来人の温羅を人々は温かく迎え入れ、温羅は驚くほど先進的な製鉄技術や造船技術、製塩法を伝えることで恩を返したとされる。

かくして吉備国は大いに栄えることとなり、貢献者である温羅は吉備国の王に祀り上げられることになったというのだ。その功績を称える神事である**「うらじゃ」**という祭りが今でも続いていることが、少なくとも当地の人々にとっては英雄譚が真実であったことの裏づけになりはしないだろうか？

さて、この温羅であるが、日本の代表的なむかし話である**『桃太郎』の源流**となったという説がある。物語の登場人物に伝承を当てはめると、桃太郎は吉備津彦命、その部下である犬飼健命がイヌ（他にサルとキジにあたる配下の者もいる）、そして、

吉備地方に残る「温羅伝説」は、
むかし話『桃太郎』の源流といわれている

温羅は桃太郎に倒される鬼であるというものだ。

そもそも、温羅伝説が『桃太郎』の〝原作〟であることを証明する決定打はないため、桃太郎における鬼＝温羅とは言い切れない。それでも、吉備国における温羅の英雄譚を知ってしまうと、桃太郎の勧善懲悪物語を素直に楽しめなくなる。

鬼を退治した桃太郎が鬼たちの金銀財宝を持ち帰るというくだりが、ヤマト王権によって討ち倒され、財産や優れた技術さえも奪われてしまった温羅の末路を伝えていると推測されるからだ。

もしこの仮説が真実であるとしたら……史実だけではなく、童話にまで勝者の理屈に則(のっと)った歴史が忍び込んでいることになる。**敗れ去った者の無念**を思うと哀切を感じずにはいられない。ちなみに、温羅伝説をもとにした祭りである「うらじゃ」は、「おかやま桃太郎まつり」のメインイベントであるという。

朝鮮半島から渡ってきた「鬼の皇子」なのか

吉備国に現われた温羅が善の存在であったとしても、悪の存在であったとしても、鬼、もしくは朝廷が欲するほど先進的な技術を有した特異な存在として伝えられていることに変わりはない。それでは温羅は、いかなる存在であったのだろうか？　これについて、筆者は「百済の国から逃れてきた異界の存在」ではないかと推測している。およそ四世紀から七世紀頃の朝鮮半島は高句麗(こうくり)、百済、新羅(しらぎ)の三国が鼎立(ていりつ)した時代だった。

実はこの時代、当地では「異界との交流」があったとする文献が残っているのだ。十三世紀に編纂された史書『三国遺事(さんごくいじ)』には、人間と異界人が交流していたとある。その異界人とは幽霊、もしくは鬼神であるというのだ。驚くことに、人間のなかにはこの鬼を操ることができ、場合によっては死に至らしめることさえできる者がいたともされている。

これらの伝承を温羅の伝説に当てはめると、人間と交流を図った鬼の皇子の温羅が操られたあげく、殺されそうになって半島から逃れた。そして、吉備国にたどり着いた、というストーリーも考えられるだろう。

いずれにしても気になるのが、朝鮮半島に存在したであろう異界との〝境界線〟だ。朝鮮王朝期に入るのと同時に、異界の存在そのものが文献上から姿を消してしまっている。儒学者が支配者層に君臨するようになると、異界や異界の存在を語ることがタブー視されるようになったからだろう。だとすれば文献上だけでなく、実際の交流も禁じられたであろうから、異界との境界線もいつのまにか消えてしまったかもしれない。

日本において鬼伝説が残る地方は、吉備国や丹後地方のように大陸と交流があった土地も多い。もしかしたら、日本における鬼伝説の源泉には、朝鮮半島の異界人の存在があるのかもしれない。そう考えてしまうのは筆者だけだろうか？

4 天狗——異界から現われた山の精霊

鬼と並び、日本を代表する妖怪の一角をなす**「天狗」**。その名が日本の文献に明記されたのは『日本書紀』が最初だとされている。その最初の伝承は次のようなものである。

第34代舒明天皇九（六三七）年二月のこと。巨大な怪光が都の空を東から西へと横切った。しかも、鼓膜を破らんばかりの轟音が鳴り響いたものだから、人々は「流星の音だ」「土雷だ」などと口々に騒ぎ立てた。

この時、「（あれは）流星ではない。天狗である。天狗の吠える声が雷に似ているのだ」と人々に説き、事態を収めたのが**学僧の旻**である。小野妹子に従って隋に渡った旻は、以来二十四年もの間、当地で仏教や易学を学んだ後に帰国した賢人であったため、人々も納得したとされている。

ただし、天狗の姿形についての記述はない。しかも不思議なことに、この時代に天狗の存在が語られるのはこれきりで、再び人の口の端に上るようになるのは平安時代のこと。そして、この時には、今日に通じる妖怪、あるいは山の神として語られるようになっていた。

妖怪、あるいは山の神とひと口に言っても、その姿形には複数種ある。なかでも代表的なのは、**「高鼻天狗」**と呼ばれる存在であろう。その名の通り、異様に高い鼻が特徴的な赤ら顔から突き出ている。背中に翼を有し、がっしりとした体軀で空高く飛ぶことができる。頭襟をかぶり、一本歯の高下駄をはいた装いは、修験者にきわめて近い姿をしていると伝えられている。

そして、もう一つのトレードマークといえるヤツデ状の「天狗の羽団扇」は、火焔や突風、天候さえも自在に操るという。さらには、姿を変えたり、魔物を追い払うこともできるなど、並々ならぬ神通力を秘めた文字通りの宝具である。

他にも、高鼻天狗よりもやや小柄で、装いこそ近しいが、鳥類のそれに似たくちばし、と羽を有し、錫杖を携えた「烏天狗」、その烏天狗と同一視される「木の葉天狗」、さらに翼以外はほとんど人間の女性と同じ姿をした「女天狗」（「尼天狗」とも）などが広く知られる存在だ。

こうしてみると、種として共通する部分は多いものの、外見的特徴の差異も大きいことから察するに、いわば天狗族ともいうべき、複数の種族が存在していた可能性がある。実際、日本全国に目を移せば、様々な逸話や呼び名とともに天狗の存在が数多語られているのだ。

牛若丸を導いた鞍馬天狗とは

天狗は霊峰とされる山には必ず潜んでいるとされ、山で起きる様々な怪異は、彼らのしわざだと考えられていた。深夜、大木が倒れる音がすることを「天狗倒し」、山中で山小屋などに泊まった際、パラパラと石が降ってくることを「天狗礫」、さらに突然姿を消すことを「天狗隠し」などという。さらに、山中で人の笑い声が聞こえることを「天狗笑い」と呼んでいた。

そうした言い伝えとともに山に潜む天狗たちのなかには、神もしくはそれに近い存在として、信仰の対象となっていたケースも少なくない。そうした神格化された天狗の多くは、力の抜きん出た存在とされる「**大天狗**」であったという。

興味深いのは、そうした大天狗たちには、固有の名前を与えられた存在が多くいることだ。例えば、滋賀県では空から祭りを見物していたという「グヒンサン」、鹿児島では大工の棟梁で、数千体の藁人形に息を吹きかけ、命を与えたという「テンゴヌカミ」などが有名だ。

そして、今日でも広く知られているのは「**鞍馬天狗**」であろう。鞍馬天狗は京都府左京区にある鞍馬山に棲むという大天狗で、源義朝の九男、牛若丸に兵法を授けたといわれている。元服した牛若丸が源義経を名乗り、八艘飛びなどの伝説的な武功をなし、兄の頼朝を畏れさせるほどの武人となった背後には、大天狗の存在があったのだ。

面白いのが、多彩な名で語られると同様に、姿形も一様ではないことだ。多くは高鼻天狗で、烏天狗がそれに続く形だが、放り投げた土が山となったという巨体の大天狗や、鬼のような姿をした天狗、人と変わらぬ姿をした存在も語られている。さらに自死した第75代崇徳天皇が転じたという大天狗は、金色の鳶のような姿であったと伝承されているのだ。

抜きん出た存在であるからこそ、大天狗は姿形も特別であったのだろうか？　それとも、天狗族のなかでも高位の存在はまた別の姿をしていたのだろうか？　その真相はわからない。いずれにしても、こうした天狗の伝説、伝承は鎌倉時代と室町時代にもっとも多く残されており、超常的な存在として語られていたことは間違いない。それが江戸時代になると、人間に善悪をなす妖怪めいた逸話が数多く散見されるようになる。

『諸国百物語』に記された怪異譚

「百物語」という日本独自の怪談会をご存じだろうか。中世の御伽衆（主君のそば近くで仕え、話し相手を務めた者。話し上手な僧や知識人が、その衆となった）、あるいは武家の肝試しが起源とされるこの怪談会は百話を語り終えると、本物の怪異が現われるというものだ。この百物語は江戸時代に流行し、天狗もしばしば登場している。例えば『諸国百物語』では、河内国（現在の大阪府）に住む道珍という男が天狗に遭遇した話が語られている。

とある峠の奥に建つ神社に、道珍という男が住んでいた。五十一になるまで一度も恐怖を感じたことがないという道珍が、里の人に食事に招かれた帰り道のことだ。山中にかかる石橋の上に、人が倒れているのを発見する。

「おい」と声をかけても反応はない。行き倒れた死体だと思った道珍はあろうことか男の体を踏みつけて通り過ぎようとするが、何者かに着物の裾をひっぱられた。みれば、死体と思しき男の口が裾にくらいついている。それでも道珍は何かの偶然だと気にも留めない。そればかりか、かみついた罰として、男を背負って家まで帰ると、松の木に縛りつけてしまう。大胆にもそのまま床に就いたこの狼藉者を懲らしめたのが天狗である。

夜更けのことだ。どこからともなく自分を呼ぶ声に、道珍は目を覚ました。いったい何者かと問う道珍に、声の主は正体を明かさず、こう答えた。

「はよ縄を解け、解かぬなら、そこまで行くぞ」

ふつふつと縄を切る音が静かに響き、やがて、不気味な声が道珍を探して近づいてきた。道珍は戦慄したが、それでも脇差で男に切りかかったというからさすがである。はたして、見事に腕を切り落とし、男はいずこかへ消え去った。

だが、話はこれで終わりではない。恐怖の一夜が明けた翌朝のことだ。夢見が悪かったといって、母親が道珍のもとを訪ねてくる。寝不足も手伝って道珍はひどい人相だったから、母親はますます心配して何があったのかと問いかける。

　そこで道珍が昨夜の一部始終を話して聞かせると、今度は切り落とした腕を見せろとせがんでくる。そして、道珍が切り落とした腕を見せると……。

「これこそ我が手なり」

母親は腕を奪い取るや、そのまま姿を消し去ってしまう。途端に空は厚い雲に覆われ、虚空に高笑いが鳴り響いた。昨晩の男も、母親も、天狗が化けていたのだ。さすがの道珍も気を失い、以来、何事にもびくびくしながら過ごすようになったという。

こうした怖いもの知らずの男を懲らしめる話は定番であったようで、『太平百物語』にも同種の話がある。

同様に多いのが、いずこかにある〝天狗界〟らしきところに少年を連れていく話だ。代表的なのが天狗にさらわれた少年が天狗の里に連れていかれる怪奇譚で、『諸国里人談』などに収録されているものだ。前述した寅吉や神隠し話、迷い子を家まで送り届けるなど類話も多い。

このように、時代とともに変化してきた天狗であるが、これらの伝承に真実の一端があるとしたら、天狗と呼ばれた異種族がこの国に存在していたことになる。だが、その異種族は明治時代以降、目撃談が激減してしまう。いったい、なぜか？

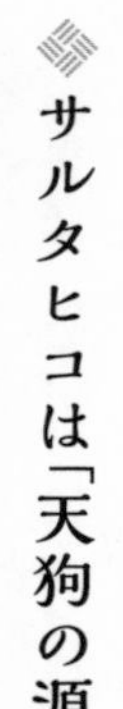

サルタヒコは「天狗の源流」なのか

筆者は、その理由が天狗の〝正体〟と関係すると考えている。一般に、天狗の正体は古代西方世界人――古の時代の日本人が見た西洋人、あるいは彼らに影響を受けた修行僧、山伏が源泉にあるという主張が有力視されている。だが、これらの説で風貌の説明はできるとしても、超常的な力を有していたという数々の逸話までは説明できない。むしろ、**何らかの超常的な存在がこの国に潜んでいた**と考えたほうが妥当だろう。

例えば、その姿が日本神話のサルタヒコに共通する点が多いことから、サルタヒコ＝古代神＝地球外生命体とつなぎ合わせれば、天狗＝宇宙人説が考えられるだろう。だが、筆者はもっと飛躍した「異界の住人説」を支持したい。しばしば登場する天狗の世界は、まるで竜宮城のように時間の流れが異なり、しかも人の目に触れることが原則的にない。天狗界は、こちら側とは時間軸、空間軸そのものが異なる可能性があるのだ。

いわば、**天狗族ともいえる異界人の世界と、古の日本の霊峰がつながっていた**とすれば、数々の超常現象も異界の超科学であったとすれば説明もつく。もっとも、それほどの科学力を擁するのであれば、きわめて「高次の存在」である可能性が高い。それゆえ、必要以上にこちら側への干渉を行なわなかった。それが天狗の神秘性の秘密ではないだろうか。これは筆者独自の見解ではなく、同様の指摘をする研究者は決して少なくない。

ところで、霊験あらたかな場所は今なお天狗界とつながっているのか、**鞍馬山などでは現代においても天狗の目撃事例が報告**されている。そう、天狗たちは今なおこの国に訪れている可能性がある。この瞬間にも、霊峰の奥深いどこかで異界の扉が開き、天狗たちが人知れず降り立っているかもしれないのだ。だとすれば、彼らがもう一歩我々との関係性を深めようと考えることがあれば、公に姿を現わす日がくるのかもしれない。

5 豊臣秀吉との深い因縁——「羽犬」

喜多川歌麿、歌川豊春の師匠としても知られる江戸時代中期の絵師、**鳥山石燕**。壮年に描いた妖怪画集『画図百鬼夜行』に代表されるように、彼は妖怪画を数多く残したことで知られる。石燕が描いた妖怪は数百種にも及ぶといわれ、河童など広く知られる存在から聞いたこともないような土着信仰のものまで網羅し、その画を通して世に知らしめた。

石燕作の画の中においても、ネコが怪異な存在として様々に描かれているのに対し、比類するようなイヌの伝承は意外なほど少なく、片手で数えられるほどしかない。日本における飼育の歴史でいえば、イエイヌが飼育されていた形跡が縄文時代の早期の遺跡で確認されている一方で、イエネコは奈良時代の頃にならないと確認できない。

原初においてイヌは主に狩猟などで使役するため、あるいは番犬として飼育されたと見られている。一方、中国からもたらされたネコは鼠害対策の益獣として、そして愛玩動物として飼育されていたという。

『桃太郎』などに代表されるような伝説や民話において、イヌは従順かつ頼れる〝パートナー〟として描かれ、妖怪に対峙する存在として活躍することが多いのは、こうしたヒトとの関わり方の違いにその原因があるのかもしれない。これは筆者の推測に過ぎないが、いずれにしても、イヌが〝妖怪化〟された例が少ないのは間違いない。しかし、その稀有なイヌの姿をした妖怪について、ここで紹介したい。

夜の山道を後ろからついてくる「送り犬」

近年では都市伝説として語られる**「人面犬」**がもっとも有名だが、古くから語られてきたイヌの怪異話として有名なのが**「送り犬」**という妖怪である。

東北から九州まで広い地域で語り継がれている一方で、地域によって伝承内容や呼び名も異なっている。山犬、あるいは狼と呼ばれることもあるが、**夜の山道を歩いているといつの間にか後ろからついてくる**、それが送り犬の共通する展開である。何事もなければ、ただついてくるだけの害のない妖怪だが、うっかり転んでしまうとあっという間に食い殺されてしまう。ただし、転んでしまっても、その場に座っただけなのだと振る舞っていれば難を逃れられるという。

地方によっては、送り犬が突き倒してくる、倒れた途端に群れをなして襲いかかってくる、など展開が異なるが、なかでも長野県に伝わる伝承は注目に値する。

上田市で語り継がれてきた送り犬は、山道で産気(さんけ)づき、赤子を産み落とした女性を狼たちから守り、夫を連れてきたというから、そこに「人に害なす妖怪」のイメージはない。同県の南佐久(みなみさく)郡では、こうした人を守る存在を送り犬と呼び、人を襲う存在を**「迎え犬」**と呼んでいたと伝えられている。

イエイヌにも通じる人懐(ひとなつ)っこさを送り犬に感じた方も多いと思われるが、さらに愛らしい振る舞いをする犬妖怪が**「すねこすり」**である。やはり山道に潜む妖怪だが、雨降る夜、いつの間に足に絡(から)みつくように現われる。とはいえ、すねの部分にすりつ

動物霊「犬神」。人が憑依されると、犬のように
吠え回り、治癒には呪者の祈禱しか術がないという

いてくるだけで、歩きにくいということ以外は無害な存在だ。岡山県だけで語られる妖怪だが、送り犬にも通じる行動も見られることから、その亜種である可能性も考えられるかもしれない。

他には、**「犬神」**が西日本を中心に語られてきたが、これは狐憑きと同様で人に憑依して害をなすという動物霊だ。佐脇嵩之の『百怪図巻』に残された犬神画は、「送り犬」や「すねこすり」よりも妖怪然としているのが興味深い。

だが筆者が注目したいのは、外見だけでなく、その逸話においても飛びぬけている**「羽犬」**である。この妖怪はその名の通り、背中に翼をいただいた妖怪だ。ペガサスのごときその姿もさることながら、その伝説が**天下人である豊臣秀吉と因縁深く語られている点**も非常に興味深いのだ。教科書には載っていない天下人と妖怪の伝説はいかなるものか、じっくり見てみよう。

秀吉軍をもっとも苦戦させた「奇妙な一匹の犬」

時は戦国時代後半。畿内（きない）近国、北陸、山陽、山陰、四国を平定した羽柴秀吉は関白となり、天下統一を目の前にしていた。

一方の九州地方では、戦国大名乱立の時代から薩摩（さつま）（現在の鹿児島県）の島津氏一強へと傾きつつあった。豊後（ぶんご）（現在の大分県）、筑後（ちくご）（現在の福岡県南部）を治めていた大友氏は重鎮の立花道雪（たちばなどうせつ）を失って弱体化していたこともあり、秀吉に協力を要請。はたして**秀吉は九州へと赴く（おもむく）ことになるのだが、それは同時に羽犬伝説の始まりでもあった**のだ。

九州平定に乗り出した秀吉は、一五八六年から翌年にかけて大軍を率いて、各地を転戦していた。そして、この秀吉軍をもっとも苦戦させたのは島津氏ではなく、世にも奇妙な一匹の犬、**羽犬**であったのだ。

背中に翼を有する不可思議なイヌは、古くからこの地に棲息。一対の翼で天を駆け、家畜を喰らい、ときには旅人を襲うこともあったという。この妖犬がたった一匹で秀吉軍の前に立ちはだかり、大挙して襲いかかる軍勢を翻弄したのだ。

秀吉軍を大いに苦しめたものの、羽犬であっても十万ともいわれた秀吉軍には敵わず、ついに命を落とす。秀吉は手こずらされたものの、大軍に立ち向かう羽犬の強さ、武人を翻弄する羽犬の賢さに心を動かされ、その亡骸を手厚く葬ることを望んだ。かくして、羽犬塚が築かれ、地名となるとともに、伝説として語り継がれることとなったのだ。

だが、この羽犬伝説には、より〝現実的〟な伝承が別にある。鷹狩りを好んでいた秀吉は、狩りで使役する犬はとくに大事にしていたといわれている。

そんな秀吉が大切にしていたのが、〝羽が生えたように〟元気な子犬であった。ところが、この子犬が九州の地において死んでしまう。嘆き悲しむ秀吉を見かねた家臣たちは、この地に塚を建て、子犬の霊を手厚く弔ったという。

「羽犬」は獰猛な妖犬か、愛らしい子犬か――。
羽犬塚が残る筑後市に建つ銅像

後にこの塚が羽犬塚と呼ばれるようになったというのだ。

人や家畜を襲う獰猛な妖犬と天下人に寵愛された子犬――それは、野生のイヌ本来がもつ獰猛さと飼育されたイエイヌの従順さを表わし、同時に、明らかに対極をなすストーリーでもある。はたして、秀吉と羽犬の伝説は、どちらがより史実に近いものなのだろうか？

その真相はどうであれ、羽犬塚が今も残る福岡県筑後市の駅前には翼の生えた羽犬の銅像が飾られ、市のPRキャラクターになるなど、地元民に愛され続けている。

6 『平家物語』に記された「鵺」の面妖すぎる姿

多くの妖怪はその正体も姿形も様々に語られることが多いが、とりわけ謎めいた存在なのが凶鳥として知られる「鵺（ぬえ）」であろう。

最近では人気コミック『呪術廻戦（じゅじゅつかいせん）』に登場する式神（しきがみ）の一つとして知られるが、『古事記』や『万葉集』といった古い文献でも、その存在は語られている。「鵼（ぬえ）」「恠鳥（けちょう）」「奴延鳥（ぬえ）」などとも表記されることからわかるように、元来、この妖怪は鳥に似た存在として言い伝えられてきた。

一般に伝えられる鵺は夜に啼（な）く鳥とされており、黄赤色で鳩（はと）と同じくらいの大きさで、キジに似ているとされている。「ヒョー、ヒョー」と啼くその不気味な啼き声を平安時代の人々は恐れ、それゆえ凶兆の鳥とされていた。その声を聞いた皇族、貴族たちは、凶事が起きないように祈禱したといわれている。

ところが、今日広く知られる歌川国芳や鳥山石燕といった名だたる絵師たちが描いたその鵺の姿は、およそ鳥とはかけ離れた姿で描かれている。顔はヒトにも似た猿のよう。たくましい四肢は虎柄。一方、腹はふくよかで狸のそれを思わせる。全身のほとんどは毛で覆われているものの、不気味なほどに長くうねる尻尾は鱗に覆われており、まるで蛇のようだ。

その姿はギリシア神話のキメラ（ライオンの頭、山羊の体、蛇の尾をもつ怪物）を想像させるものだが、この姿に〝変化〟したのは『平家物語』のまとめられた鎌倉時代であったと考えられる。『平家物語』に登場する鵺が、鳥とは程遠い存在として描かれているからだ。では、鵺はいかなる姿で書かれたのか、ここで詳しく見てみよう。

「猿の頭、虎の手足、蛇の尻尾」という異形

平安時代末期、仁平の頃。第76代近衛天皇の御所である清涼殿では、いつの頃から

か丑の刻になると東三条の森の方角から黒い煙のようなものがたちこめ、それとともに不気味な声が響き渡るようになり、帝を悩ませていた。

崇徳天皇の譲位を受けて即位した近衛天皇は、生まれた時から体が弱かったこともあって病の身となり、床に臥せってしまう。側近の公卿たちは徳の高い僧たちを呼びよせ、邪を祓う祈禱を行なわせるも効果はなかった。

歌川国芳が描いた「鵺」は鳥の姿からは程遠い

そこで彼らは弓の達人として名を馳せていた**源頼政**を呼び入れた。実は、かつて第73代堀河天皇の治世でも同じような怪異があり、この時に源義家が弓の弦を引き鳴らすことでこれを治めたという〝先例〟があった。公卿たちはそれにならったのである。

帝をおびやかす存在を退治すべく、頼政は家来の**猪早太**（井早太という説もある）とともに、正殿の警護にあたった。その手には、大江山の酒呑童子を退治した源頼光の代から受け継がれてきた弓「雷上動(らいしょうどう)」がしっかりと握られている。

夜がふけ、やがて丑(うし)の刻になると、いずこからともなく不気味な黒煙がたちこめて、やがて黒雲と化す。その様子を凝視していた頼政は、黒雲から差し込む一筋の妖(あや)しい光を見逃さなかった。頼政は雷上動を構えると、怪光めがけて山鳥の尾で作った矢を放つ。すると、おどろおどろしい断末魔の叫び声が響きわたり、同時に巨大な〝何か〟が落下した。早太が駆け寄り、一気にとどめを差す。はたして、頼政が射止めた存在こそ、不吉な存在として京を震え上がらせた鵺であったというのだ。

灯りのもと頼政たちが目の当たりにした怪物の姿は、実に奇異なものである。**猿の顔をした頭をもち、胴体は狸、手足は虎、そして尻尾は蛇そのもの**であった。翼らしきものは認められなかったことから、妖力のような特殊な力で天を駆けていたのだろうか？　今日であれば、然(しか)るべき機関で解剖(かいぼう)や検証が行なわれたであろうから、その正体の特定もある程度進んだかもしれない。しかし、残念ながらその亡骸は、祟(たた)りを恐れるがゆえに、船に乗せて鴨川(かもがわ)へと流してしまったという。

こうして鵺は退治され、宮中は静けさを取り戻した。不思議なことに近衛天皇は嘘のように回復し、頼政に「獅子王」なる刀を褒美として授けたと伝えられている。

ちなみに、鎌倉時代後期に成立したとされる『平家物語』の異本『源平盛衰記』での鵺は「足が狸で背中は虎、尻尾は狐」とされている。一方で、時代が下った室町時代には、「頭が猫、胴が鶏」の鵺が出現したという言い伝えもあるのだ。こうなると**鵺は変幻自在の生き物**であったとするほうが自然だ。そう考えると、鵺はかつては鳥に似た姿をとっていたが、後にキメラのような姿に変化した。その後も時代によって、少しずつ姿を変えながら生き延びていたがゆえに、その姿形は不特定に語られるのかもしれない。

なお、ツグミの仲間に〝鵺鳥〟の異名を冠せられた**トラツグミ**という野鳥がいる。虎のような斑模様であることと、うすら寂しい啼き声は鵺伝説に紐づけられるが、キジバトと同程度の大きさの体軀に怪異や妖力は感じ取れない。鵺が変幻自在の生き物であったならば、人目を避けるために目立たぬ姿に変化したとも考えられる。

このトラツグミは絶滅危惧種に数えられているが、もし鵺が実在したとすれば、姿をどのように変えようとも、ひっそりと生き延びていてほしい。そう願うのは筆者だけではないだろう。

江戸時代に出現した予言妖怪「アマビエ」

江戸時代、弘化三年（一八四六）のことだ。肥後国（現在の熊本県）の地で、毎晩のように海面で怪光がまたたくのが何度も目撃された。

訴えを受けて役人が現地調査にあたったところ、見たこともない奇異な存在が出現。驚く役人たちに向かって自らを**アマビエ**と名乗ると、**吉凶が綯い交ぜの予言**をもたらした。

「これより六年の間、諸国では豊作が続くであろう。ただし、時を同じくして流行病が広く発生する。その時には、この私（アマビエ）の姿を描いた絵を人々に見せるとよい」

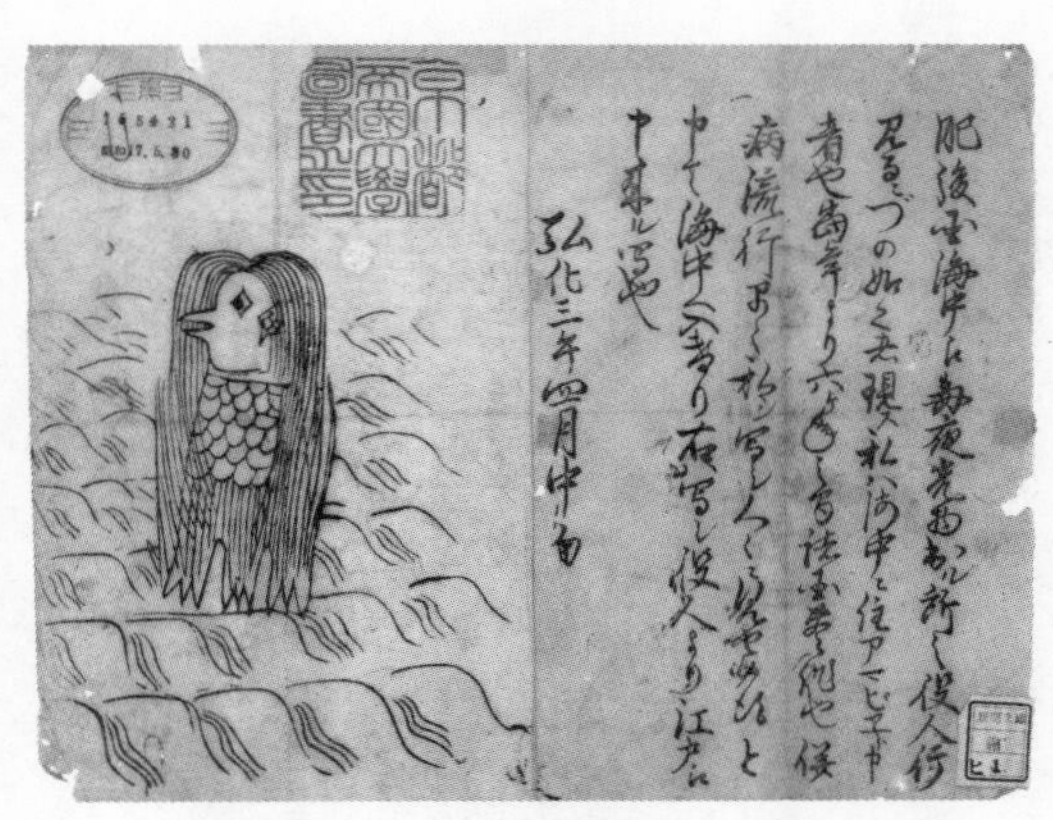

吉凶が綯い交ぜの予言をもたらしたという
奇異なる存在「アマビエ」

アマビエと名乗った奇異なる存在はそう告げると、海中に没して消えたという。

なんとも奇妙なこの邂逅（かいこう）は、弘化三年四月中旬と記された当時の瓦版によって伝えられるものだ。そこには、自ら描き写せと話していたアマビエの姿＝目撃画も添えられている。

長い髪をたくわえた頭にひし形の目、口はくちばしのように突き出ている。首から下の全身はウロコでびっしり覆われており、魚のそれと同じように見えるが、下半身らしき箇所にはヒレとも足ともつかぬ部位が二本、見ようによっては三本並んでいる。その姿は、「人魚」という言葉から思い浮かぶイメージからは、およそかけ離れたものだ。

今日、半人半魚の存在といえば、多くは人魚を連想し、上半身が人間に近しい姿、一方の下半身は魚類そのものといった存在をイメージするだろう。だが、それはヨーロッパ域の「マーメイド」伝説の特徴だった。ここで、アマビエ伝説を深く知る意味でも、日本各地に伝わる半人半魚の伝承を見てみよう。

『日本書紀』に記された最初の人魚

日本の人魚伝説における最古のものは六一九年、『日本書紀』の記述がそれとされている。現在の兵庫県南東部と大阪府北西部である摂津国（せつつのくに）の漁師の網（あみ）にかかり、その外見は子供のような生き物だが、魚でもヒトでもない、どう呼ぶべきかがわからない存在であったという。具体的な記述はないものの、これが**記録に残る最初の人魚**といわれている。

ほぼ同時期に、聖徳太子が近江国で出会ったという人魚伝承もある。東近江市を流れる愛知川の川沿いの道を歩いていた太子は、透き通るような白い肌をした、美しい女性に声をかけられる。聞けば彼女は、人間の母と人間に化けた大鯉の父との間に生まれた人魚であるという。己の生まれを嘆く人魚を哀れんだ聖徳太子は、彼女のために観音正寺（滋賀県八幡近江市）を建立。平成五年の火災に見舞われて焼失するまでは、同寺にはこの時の人魚と思われるミイラも保管されていたという。

時代が下り鎌倉時代になると、人間の顔を有する魚として『古今著聞集』に登場する。そのイメージは人面魚に近いもので、江戸時代の古書『絵本小夜時雨』にも同様の存在が登場する。だが、その後、遅くとも江戸時代後期までには日本における人魚像も〝ヨーロッパ式〟へと変貌していったようだ。アマビエはそうした人魚観の変動期においても、どちらかといえば「人面魚に近い存在」として語られているが、日本の人魚像が時代とともに変化してきたものと仮定した場合、外見的特徴を頼りにアマビエの正体を読み解くのは難しい。

そこで筆者が注目したいのが、吉兆を予言したという伝承である。アマビエ自体の報告は、前出の瓦版に限られるが、同じ肥後の海に**「アマビコ」**と称される妖怪が江戸時代後期以降、複数回目撃されている。アマビエとは外見的な類似性がそれほど多くないものの、この二つの存在を同一視する研究家は少なくない。その名と出現エリ

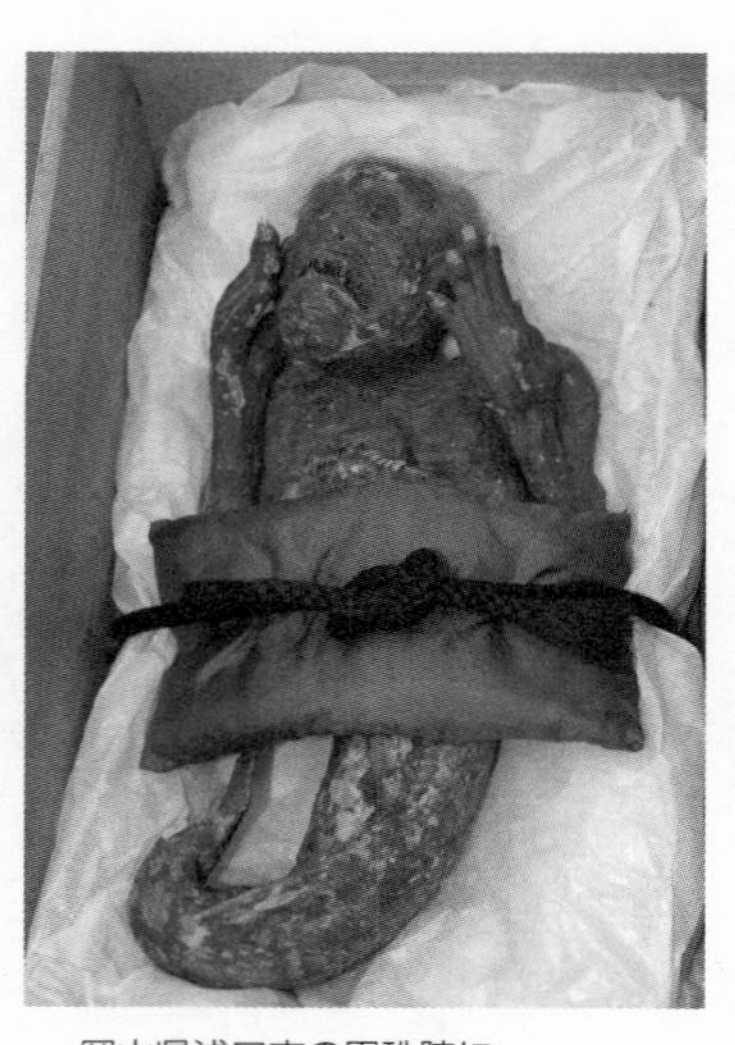

岡山県浅口市の円珠院に
保管されている「人魚のミイラ」

アが近しいことだけでなく、ともに疫病と豊作の予言、その姿を描いた絵が厄除けとなるなど、より特徴的な部分で共通点が多いことは注目に値するだろう。

アマビエなどを含む人魚は、吉兆を伝えるという伝承の他、長寿や無病息災をもたらす存在としても語り伝えられてきた。

例えば、岡山県浅口市の円珠院では人魚のミイラと伝わるものが眠っているが「人魚の肉を食せば不老長寿となる」といういわれがあるため、〝ありがたい存在〟として代々、大切に守られてきたという。

日本における人魚の目撃譚は十八世紀後半から急速に数を減らしているが、もしかしたら、不老長寿の伝説を信じた人々によって乱獲されてしまい、そのほとんどが絶滅してしまったのかもしれない。

3章

「怨霊」と「呪術」が交錯する世界

……「起こってはならないこと」が惹起されるとき

1 〝日本国の大魔縁〟となった崇徳天皇

崇徳天皇。日本の第75代天皇である。第74代鳥羽天皇の第一皇子として、平安時代後期の一一一九年に生まれ、一一二三年に即位した。そんな崇徳天皇が、後に**「日本三大怨霊」の一人**として恐れられるようになったのは、いったいなぜなのか?

その遠因は、一一四一年に崇徳天皇が父の鳥羽上皇によって無理矢理、幼い近衛天皇に譲位させられたことにある。譲位後、崇徳上皇は院政を布くつもりでいたが、これも父に阻まれ、鳥羽上皇の院政が続いた。崇徳上皇がこれほど父に疎まれたのは、母である藤原璋子の不倫の結果、生まれた子であったからとする説もある。本当の父は鳥羽上皇の祖父である第72代白河天皇といわれているのだ。

そして、近衛天皇の夭折後、崇徳上皇は我が子を次代の天皇にするつもりでいたが、実際に即位したのは弟の後白河天皇であった。

これらの天皇位を巡る確執のために一一五六年に起きたのが、いわゆる**「保元の乱」**であった。天皇家のみならず、貴族や武士をも巻き込んだこの内乱で、崇徳上皇と後白河天皇は真っ向から対立した。その結果、崇徳上皇側は敗れてしまったのだ。

余談だが、この内乱で主に戦ったのは武士であり、崇徳上皇側には源為義、後白河天皇側には平清盛、源義朝がついた。ちなみに、この乱は**武士の政界進出の大きなきっかけ**となった。

いずれにしろ、この乱で敗れた崇徳上皇は罪人とされ、讃岐国（現在の香川県）に流された。

自らの〝血〟で写本に書いた呪詛の言葉

讃岐国でほぼ軟禁生活を送らざるを得なくなった崇徳院（この後は「讃岐院」と呼ばれる）は、仏教に深く帰依し、極楽往生を願ったという。そして、五部大乗経

（『法華経』『華厳経』『涅槃経』『大集経』『大品般若経』）の写本に専念した。完成したその五冊の写本を、崇徳院は保元の乱における戦死者の供養および自らの反省の証として、京都の寺に納めてほしいと朝廷に献上した。ところが、当時上皇となっていた後白河院は、「崇徳院の呪詛が込められているかもしれない」と疑って受け取りを拒絶し、写本を送り返してしまったのだ。

この仕打ちに崇徳院は激怒した。そして、舌をかみ切り、流れ出た血で送り返された写本に、次のように書いたのである。

「日本国の大魔縁となり、皇を取って民とし民を皇となさん」

「この経を魔道に回向す」

その後、崇徳院は一一六四年に崩御するまで爪や髪を伸ばし続けて、まるで夜叉のような姿になった。ちなみに、遺体を収めた柩は、蓋を閉めているにもかかわらず、血があふれ出てきたという。失意と怒りの中でこの世を去った崇徳院は、金色の巨大な鳶に変身し、天狗の首領となったとも伝わる。

保元の乱に敗れ、失意と憤怒の中で絶命した崇徳院。
その恨みの念は怨霊となり朝廷を震え上がらせた

「最凶の祟り」はこうして発動した！

崩御後の後白河院による崇徳院に対する扱いは、あまりにも苛酷なものだった。後白河院は、その死を徹底的に無視したのだ。朝廷による葬礼は行なわれず、讃岐国の国司（朝廷が諸国に赴任させた地方官）によって行なわれたのみだった。後白河院は、崇徳院があくまで罪人であったという認識を、この期に及んでも変えようとしなかったのである。

その他の罪人、すなわち保元の乱で崇徳上皇側について、同じく地方に流された貴族の藤原氏の一部が帰京を許され、あまつさえそのうちの一人、藤原師長が後白河院の側近に登用されているにもかかわらず、である。ちなみに、崇徳上皇側についた藤原頼長は藤原師長の父だが、保元の乱で戦死している。彼もまた、乱のもととなった大罪人とされている。

生前のみならず、崩御後もこのような扱いをされた崇徳院が、後に怨霊になって祟るのもやむなしだったのかもしれない。

一一七七年、「白山事件（比叡山の僧兵が地方の国主の交代を求めて起こしたもの）」「安元の大火（平安京内で起こった大火災）」「鹿ヶ谷の陰謀（平氏打倒の陰謀事件）」といった災難が立て続けに起こった。こうした出来事が社会の不安定さを招き、この後、長く続く動乱の始まりとなったのである。

だが実は、前年にはこの混乱の兆しはすでに表われていた。宮廷や後白河院に近い人々、例えば建春門院（後白河天皇の女御）・高松院（二条天皇の中宮）・郁芳門院（後白河院の孫）・九条院（近衛天皇の中宮）などが、次々と死んでいったのだ。これ以降、**崇徳院や藤原頼長の怨霊に関する記述が、貴族たちの日記に頻出**するようになる。

事ここに至って、朝廷はさすがに保元の乱以降の処遇に関する崇徳院の怨霊による祟りだと認識し、恐怖した。そして一一八四年に、崇徳院の元側近・藤原教長が「崇徳院と藤原頼長の悪霊を神霊として祀るべきである」と主張した。

いよいよ精神的に追い詰められた後白河院は、崇徳院の怨霊鎮魂のために保元の乱の勝利宣言を破棄した。この勝利宣言は藤原頼長の戦死を神罰とし、崇徳院の讃岐国配流も、「法に則った処置」とするものだった。朝廷はその破棄によって、それまで「讃岐院」としていた院号を「崇徳院」に改めた。藤原頼長にもこの時、正一位太政大臣を贈っている。

さらに、保元の乱の戦場だった場所に、「崇徳天皇廟」(後の粟田宮、現在の京都府京都市東山区)も設置した。

なぜ明治天皇は崇徳院の御霊を京へ帰還させたか

だが、この後、朝廷の権力は次第に弱体化し、平氏、次いで源氏といった武士が国を牛耳るようになった。まさしく崇徳院の呪詛によって朝廷は実権を失い、明治維新に至るまでその力を取り戻すことはなかった。

ちなみに一八六八年、第122代明治天皇が崇徳院の御霊を讃岐国から京都へ帰還させ、白峯神宮（京都府京都市上京区）を創建している。そして、

「どうか永年のお怒りを鎮められて、末永くこの国と皇室をお守りください」

という内容の詔を読ませたという。

白峯神宮に崇徳院をお祀りするという立案者は明治天皇の父である第121代孝明天皇である。崇徳院の崩御後、百年ごとにその前後数年間は様々な動乱が起こったため、それを避ける意味合いがあったと思われる。当時はまさしく幕末維新の時代の大変革期であり、多くの血が流されていた。ここに崇徳院の祟りを発動させまいと配慮したのだろう。

2 京の都を震撼させた菅原道真の怨念

「天神様（てんじんさま）」「学問の神様」といえば、平安時代初期の貴族・**菅原道真（すがわらのみちざね）**。全国各地の道真を祀った神社には、受験期に大勢の学生やその縁者たちがお参りに訪れることでも有名だ。

だが、そんな学問の神・道真は、神として祀られる以前は**「日本の三大怨霊」の一人**として、世に恐れられる存在だったのだ。

怨霊から神へ……。

数奇な運命をたどった道真は、いったいどんな人生を歩んだのだろうか？

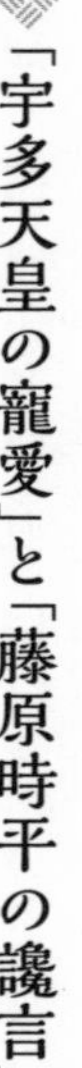

「宇多天皇の寵愛」と「藤原時平の讒言」

菅原道真。八四五年に中級貴族で学者だった菅原是善(これよし)の三男として誕生。幼い頃から文才を見せ、十一歳の時に初めて漢詩を詠(よ)んだという。長じて後、当時の朝廷を牛耳っていた藤原基経(ふじわらのもとつね)が道真の文才を高く買い、自らの代筆をさせたりしたともいわれる。いずれにしろ、道真が宮廷内の文人社会の第一人者となったほどの才能を顕(あらわ)していたことは間違いない。

余談だが、八九四年に道真は二十回目となる遣唐使として唐に赴くよう、命ぜられていた。しかし彼は、当時の唐の弱体化、派遣の際の事故率の多さなどを理由に、遣唐使そのものの廃止を、朝廷に提言した。この廃止は認められたものの、後に復活することを前提とされていた。結局その後、九〇七年に唐が滅亡したため、道真は唐に赴くことのなかった最後の遣唐使となったのだ。

道真はまた、第59代**宇多(うだ)天皇に寵愛**され、官僚として栄達の道を歩んだ。もっとも宇多天皇が道真を取り立てたのは、当時権勢を誇っていた藤原一族に対抗させるためだったともいわれる。

八九九年、道真は右大臣となる。左大臣は**藤原時平**である。この二年前、宇多天皇は皇太子であった第60代醍醐天皇に譲位し、「菅原道真と藤原時平の助言を得て政治をするように」と述べている。

だが、家格が低い道真が右大臣にまで上り詰めたことに対して、反発する貴族は多かった。実際、それを理由に、道真自身が右大臣の地位を何度も固辞していたのだが、取り上げられなかったのだ。宇多天皇の譲位の際の言葉があってから後、道真をライバル視するようになった時平は、醍醐天皇に次のように讒言した。

「道真は宇多上皇を欺き惑わした」

「醍醐天皇を廃して、醍醐天皇の弟で自分の娘婿に当たる斉世親王

「学問の神様」として知られる菅原道真

を皇位に就けようと謀（はか）った」

などなど。

要人の死、清涼殿に落雷——次々起こる怪異

この讒言が効き、醍醐天皇は次第に道真を疎ましく思うようになった。そして九〇一年、道真を**九州の大宰府に左遷（させん）**してしまったのだ。加えて、左遷の際の道真に対する醍醐天皇の処遇がひどかった。大宰府への移動はすべて自費によってまかなわされ、左遷後は俸給なし、従者もつけられない、政務にあたることも禁じられた。道真はまさしく四肢をもがれたも同然の境遇にあったのだ。

左遷されて二年後の九〇三年、道真は無念の涙を飲みつつ、ほぼ衰弱死に近い状態でこの世を去った。ちなみに、後に赦免（しゃめん）されたとはいえ、道真の四人の子も流刑の憂（う）き目に遭っている。

道真の呪いは、その死後五年を経て牙をむき始めた。まずは藤原菅根（すがね）が落雷に打た

れて死んだ。菅根はもともと道真の弟子だった。にもかかわらず、師の失脚に加担していたのだ。翌年、道真の苛酷な死の張本人ともいうべき**藤原時平が、三十九歳の若さで急死**した。さらには九一三年、当時の右大臣、源光（みなもとのひかる）が狩りの最中に泥沼に沈んで溺死（できし）した。

相次ぐ朝廷要人の死。だが、凶事はそれにとどまらなかった。

この頃から天変地異が日本を襲うようになってきたのだ。毎年のように続く長雨、洪水、干ばつ、疫病……。

人々は**「大宰府で亡くなった道真公が怨霊となり、祟っているのではないか？」**と噂するようになった。

怪異はさらに続いた。九二三年、醍醐天皇の皇太子が二十一歳の若さで亡くなった。わずか二歳で皇太子となった彼は藤原時平の甥（おい）であった。ここに至って、さすがの醍醐天皇もこの凶事は道真の祟りではないかと考えるようになった。そして、道真の大宰府左遷を命じた勅書（ちょくしょ）を破棄し、その地位を右大臣に戻したのだ。

だが、祟りはやまない。新たな皇太子も二年後に五歳で夭折したのだ。この皇太子もまた、時平の甥だった。醍醐天皇の落胆および懊悩（おうのう）は尽きることがなかった。

『北野天神縁起絵巻』に残される「清涼殿落雷」。
道真の霊が雷神となり祟りをなしたのか――？

災厄はさらに広がった。九三〇年、**清涼殿（せいりょうでん）に雷が落ちた**のだ。当時、会議中で人が集まっていたため、大納言の藤原清貫（きよつら）以下三人の死者を出し、多くの朝廷要人に負傷者が出た。

落雷を目の当たりにした醍醐天皇は以降、体調を崩して時平のこれまた別の甥に譲位した後、わずか三カ月で死去したのである。

この清涼殿落雷事件は、『北野天神縁起絵巻』にも描かれている。

「やはり道真公の霊が雷神となって京都に舞い戻り、祟りをなしているのだ」

道真の霊を鎮めようと図った朝廷は、九四七年に北野天満宮（京都府京都市上京区）において、彼を神として祀った。ちなみに、それにまつわる話を一つ。

道真には**多治比文子**という乳母がいた。この乳母に、道真の霊が乗り移ったのである。そして、道真の霊は「自分を祀れ」と強く求めたという。

だが、貧しかった文子には社殿を建立するほどの財力はなかった。仕方なく自宅に小さな祠を建て、そこに道真を祀ったのだ。その祠こそ、現在の京都市下京区「文子天満宮」のもとである。祭神は文子と道真。天神信仰発祥の地とされるこの神社こそが、現在上京区にある北野天満宮の前身なのだ。

道真の神格化はこれにとどまらなかった。九八六年に即位した第66代一条天皇は、道真の霊を鎮めるために左大臣正一位、さらには太政大臣の地位まで贈ったのである。

死してなお畏怖された道真だが、現在、全国で道真を祀る神社は福岡県の太宰府天満宮、大阪府の大阪天満宮、東京都の湯島天神など、約一万二千社に及ぶという。その御霊は鎮まり慰撫されたのだろうか。

3 空を飛んだ生首――東国の風雲児・平将門

生首が空を飛ぶ……、想像するだにシュールな光景である。京都から関東に向かって飛んだその生首は、各地に落下伝説を残した。生首の主は**平将門**(たいらのまさかど)。後世、「日本三大怨霊」の一角として数えられた平安時代中期の豪族である。

平将門は九〇三年に関東地方で生まれた。生地は、父・平良将(よしまさ)の領地、下総国佐倉(しもうさのくにさくら)(現在の千葉県佐倉市)とされるが、そこが生地であることを裏づける史料はなく、正確なところは不明だ。平安時代初期の第50代桓武(かんむ)天皇の子孫でもある。

十五、六歳の頃上京し、父の思惑で朝廷との関係を深めるため、当時の権力者・藤(ふじ)

原忠平（わらのただひら）に仕えることになる。だが、十年以上仕えても、将門の官位は低いままだった。朝廷での出世に挫折（ざせつ）した将門は関東に戻った。

しかし、ここで将門は思わぬ事実を知る。当時、すでに父は亡くなっていたのだが、将門が継いだ領地を父の弟・**平国香（くにか）**が狙（ねら）っていたのだ。以降、国香や他の親族らと二度にわたって戦いが起き、将門は国香を討ち取るなどいずれも打ち破り、勝利を収める。

だが、国香が国司だったため、将門は朝廷に召喚され、国家に対する反乱の罪で裁かれることになる。ところがちょうどその頃、天皇家に慶事があり、それに伴って恩赦が行なわれ、将門の罪は免除された。

関東を制圧し「新皇」を名乗るも……

意外なことに、この一連の出来事が京都で有名になり、**将門の人気は人々の間で急上昇**した。将門の武勇が庶民に重税を課す国の役人を打ち負かしたということで、彼は英雄視されるようになったのだ。以降、関東に帰った将門のもとには、様々な問題が持ち込まれるようになった。

九三八年、再び事件が起こる。武蔵国（現在の東京都、埼玉県、神奈川県の一部など）の郡司・武蔵武芝が国司の苛烈さを訴えてきたのだ。これまで自らの領地を守るために戦ってきた将門は義憤に駆られ、ここで初めて他人のために立つことになる。

だが、武芝側の集落を襲った国司側の指導者・**興世王**らと激戦になるも交渉が成立し、両者は和解することになる。ところが手違いで武芝側と興世王側で小競り合いが起こり、両者は決裂。興世王側は、将門を「謀反の罪」で朝廷に訴えた。

しかし、当時の朝廷は瀬戸内海で起こった「藤原純友の乱」という難題も抱えており、正直、将門に拘泥する余裕もなかった。朝廷は将門に謀反に関する報告を求めるが、将門の回答を読み「謀反の意思なし」と、これを不問に処する。

以降、将門は国司に対する不満をもつ人々の訴えを、積極的に受け入れるようになる。武蔵武芝の件で敵対していたはずの興世王までも受け入れたのだ。そして、常陸国（現在の茨城県）の国府を襲撃して、これを制圧した。国司の苛烈な政治に不満を持っていた人々は将門の襲撃を快挙として受け入れ、彼は**関東の英雄**となり、その軍勢は膨れ上がった。

そうした折り、興世王から提案があった。この勢いに乗って、関東一帯を支配したらどうかという……。

九三九年、この案は実行された。そして、上野（現在の群馬県）、下野（現在の栃木県）、上総（現在の千葉県中央部）、下総（現在の千葉県北部）、安房（現在の千葉県南部）、武蔵、相模（現在の神奈川県）、伊豆（現在の静岡県伊豆半島、東京都伊豆諸島）の八カ国の国府が襲撃され、将門の手に落ちたのだ。国司は追放となった。

九三九年、将門は**「新皇」**を名乗ることになる。この**「平将門の乱」によって、関東八国はここに将門を頂点とする独立国家となった**のだ。

朝敵となり京の都で「さらし首」に

将門が起こす問題をほとんど静観していた朝廷も、これにはさすがに動かざるを得なかった。そして、関東に将門追討軍を送り込み、その首に賞金をかけたのだ。追討軍には都合のいい情報も入った。将門が兵たちを休めるため、いったん軍を解散したというのだ。

追討軍に加わっていた**平貞盛**（さだもり）らの軍勢は総勢四千人。平貞盛にとって、将門は父・国香の敵でもあり、意気は盛んだった。貞盛側の軍は各地で将門軍を撃破しながら、将門のいる下総国に迫った。

将門は身を潜めながら、呼びかけていた援軍を待った。

だが、将門が朝敵となり、その首に賞金がかけられたこともあってか、援軍はついぞ来なかった。

将門軍の総数はわずかに四百。敵は十倍の四千。両軍は激突し、少数ながら、当初は将門軍は敵を圧倒していたという。だが、思わぬところに不運が転がっていた。途中、馬が足を取られたところで将門は額（ひたい）を敵の矢に射抜かれ、あっけなく戦死したのである。九四〇年、将門死亡。彼が「新皇」として在位したのは、わずか数カ月だった。

将門の首は京都に運ばれ、七条河原でさらし首となった。

その首は何カ月経っても腐らず、まるで生きているかのように、目を見開いたままだったという。そして、

七条河原でさらし首にされた将門。「新皇」の哀しい末路

「私の体はどこにあるのか？　ここに来い。首をつないでもう一戦しよう」

と叫んだといわれる。

やがてある夜、**白光を放ちながら、東のほうに向かって飛んでいった。**首は力尽きて途中で地上に落ちたとされ、各地で**首塚伝承**が生まれたのだ。

東京・大手町の「将門塚」にまつわる不審死

首塚でもっとも有名なのは、やはり東京都千代田区大手町にある**「将門塚」**だろう。高層ビルが建ち並ぶ一角に、首塚がポツンとあるのは異様な光景だ。それにしても、なぜ移転もされずにビル街に佇んでいるのか？　それには恐るべき理由があった。

一九二三年の関東大震災で、首塚近くにあった大蔵省（現在の財務省）が焼失した。その後、土地を整備し仮庁舎を建てたところ、職員や工事関係者らに不審死が続出したのだ。そして第二次世界大戦後、GHQ（連合国最高司令官総司令部）が整地しようとしたところ、またも不審な事故が起き、計画を中止したという。

ちなみに、こんな伝承もある。同じく東京の千代田区外神田にある神田明神（かんだみょうじん）。七三〇年に創建された由緒ある神社だ。祭神は三体。大己貴命（おおなむちのみこと）（オオクニヌシ）、少彦名命（すくなひこなのみこと）、そして平将門だ。なぜ将門が祭神として祀られているのか？　それにはもちろん理由がある。

鎌倉時代、**平将門の祟りといわれた疫病**が流行したことがあった。そこで将門塚の近くにあった神田明神が将門の霊を供養したところ、たちどころに疫病が収まったというのだ。その後、一三〇九年に将門の御霊は「厄除けの神」として神田明神に祀られた。ちなみに、将門の首が落ちたとされる地に将門を祀る神社などがあるが、**供養を怠る（おこたる）とその地の治安が悪化**したという。

4 漂泊の歌僧・西行が身につけた「呪術」とは？

「願はくは　花の下にて　春死なん　そのきさらぎの　望月の頃」
この和歌に聞き覚えのある読者も多いと思う。『山家集』に収録された、**西行法師**の名歌である。**「漂泊の歌僧」**として知られた西行。実は前身は武士だったという。西行には一風変わった逸話が多いが、そのうちのいくつかを紹介しよう。

西行は平安時代末期から鎌倉時代初期に生きた人物である。一一一八年、武家に生まれ、当時の名前は佐藤義清（憲清とも）。生地は父の領地であった紀伊国田仲荘（現在の和歌山県紀の川市）とも、京都ともいわれる。成長してからは**鳥羽上皇の北**

面の武士（院御所の北側の部屋の下に詰め、上皇の身辺を警衛した武士）として、京都で御所の警護をしていた。ちなみに、同時期の北面の武士として平清盛がいる。西行を文武両道の人物として知られ、優れた歌人としての片鱗も、この頃すでに見せていたという。

やがて結婚し、二人の子供もできた。だが、一一四〇年、西行は恵まれた地位も妻子も捨て、突然出家してしまう。その際に、泣きすがってきた子供を蹴り飛ばして家を出たという。この時以降、彼は「西行法師」を名乗るようになる。

西行の突然の出家の理由は、よくわかっていない。だが、通説では親しい友人、ほとんど同性愛に近いほどの間柄だった相手の急死が原因だったといわれる。つまり、二度と会うことのできない親友との突然の別れ。その未練を断ち切るために出家の道を選んだというものだ。また、上皇の中宮に恋し、失恋したためとの説もある。

その後、西行は全国を放浪している間、様々な人物と会っている。記録に残っているだけでも、崇徳天皇、源頼朝、奥州（現在の東北地方）の豪族・藤原秀衡……。これだけ見ても、西行が一介の僧侶でないことがわかる。

なお、上田秋成の怪談集『雨月物語』中の「白峯」は、崇徳院の没後、西行が菩提を弔うために、讃岐国にある院の白峯陵を訪れた際の話である。

◈なぜ「不吉の象徴」月食を歌に詠んだか

和歌の名手として知られた西行は、『新古今和歌集』や『小倉百人一首』をはじめとして多くの歌集に歌を残し、現在までに約二千三百首が伝わる。その和歌はまた、江戸時代前期の俳人・松尾芭蕉にも影響を与えたという。

なお、冒頭の和歌は西行が「釈迦が入滅（死去）した時と同じ春に、桜の下で死にたい」という心境で歌ったとされる。そして、実際にその願いを叶えたとも……。事実、彼が死んだのは一一九〇年の春だったという。没地は河内国石川郡弘川（現在の大阪府南河内郡河南町弘川）。

彼はまた、もう一首、当時としては特異な歌も残している。「月食」を題としたものだ。

「忌むといひて　影に当たらぬ　今宵しも　割れて月見る　名や立ちぬらん」

和歌の中にもあるように、当時**「月食」は不吉なもの**だった。その光に当たることさえ避けるべきだったのに、なぜ彼は、和歌の題にするほど強い関心を寄せたのか？

その理由は、今に至るも謎とされる。

ただ、これだけは確実だ。実は西行は元武士、そして漂泊の歌僧としての側面だけでなく、**奇妙かつミステリアスな側面**ももっていた。西行には、その逸話や伝説を集めた説話集も残されている。仏教説話の『撰集抄』や伝記物語の『西行物語』がそれなのだが、とくに本人が作者とみなされている『撰集抄』に、彼の**言動の奥に潜む闇**が垣間見えるのだ。

亡き親友を甦らす「反魂の術」

西行は一時期、高野山（和歌山県高野町）の人も近づかない奥地で庵を結んでいた。

高野山——そこは、平安時代初期の名僧・空海が開いた真言密教の聖地である。密教といえば、秘密の教義と儀礼を師から弟子に伝えていく仏教の一派だ。それだけに今なお、謎に包まれている部分も多い。

では、西行はこの聖地で何をしていたのか？　実は修行のさなか、西行はある**呪術**を身につけたという。先に述べた西行の著作と思しき『撰集抄』によると、それは**「反魂(はんごん)の術」**というものだった。

反魂の術……。いったい何か？　それは古くから伝わる、**死者の魂をこの世に呼び戻す呪術の一種**だ。西行はその呪術を頼りに人造人間を造り出し、魂を吹き込んで、「人」として甦(よみがえ)らそうと試みたのだ。そして、彼が甦らそうとした人物こそが、かの急死した親友だったという。

反魂の術の手順は以下の通りである。

一　死者の骨を集める。

二　集めた骨を頭から足の先まで、人の形になるように並べる。

三　並べた骨に砒霜(ひそう)という薬を塗る。

四　イチゴとハコベの葉を揉(も)み合わせ、骨に塗る。

五　フジのつたで骨をつなぎ合わせ、水洗いする。

西行の反魂の術を伝える図（『西行撰集抄９巻』より）。
親友ではなく「異形の化け物」を甦らせてしまった

六　頭にサイカチとムクゲの葉を灰で焼いたものをつける。

七　風が通らない土の上に畳を敷き、その上に骨一式を置く。

八　二十七日間放置した後、香木を焚く。

これぞ西行が行なった反魂の術だった。だが、これはものの見事に失敗する。そこに現われたのは、人の形こそとっていたものの、親友とは似ても似つかぬ**異形の化け物**だったのだ。

〝それ〟は、肌は土気色をし、奇声を発していたという。西行はあまりの恐ろしさに、化け物をその場に残して逃げ出してしまったという。

だが、なぜ西行は失敗したのか？　彼はその原因を歌人仲間の源師仲（みなもとのもろなか）に尋ねた。というのも、師仲の曾祖父が同じ方法で人造人間を完成させていたからだ。しかも、その人間は、今なお師仲の曾祖父の指示通りに動いているという。

では、師仲が指摘する西行の失敗の原因とは？　それは以下のようなものだった。

・香木を焚いたため、心が生まれなかった

・「反魂の術」の実行者は、七日間の絶食をする必要があった

ちなみに、定説ではないが、親友とは関係のない人骨を使ったためというものもある。西行は、野ざらしになっていた身元不明の死者から人骨を集めたというのだ。

だが、西行は師仲の説を聞いた後、人造人間作りに再挑戦することはなかった。自らの作業の結果、生まれた異形の怪物のおぞましさがトラウマになったと思われる。

なお、西行が逃走した後の化け物の行方はわかっていない。一説では今なお、高野山の山中をさまよっているといわれる。

5 「屏風の中にテレポーテーション」した尺八の名手

一芸に秀でた者は、自分の得意分野以外でも才能を発揮することが多い。

江戸時代中期に、そんな特殊な能力をもつ人物がいたことが、一七〇六年発行の書物に記載されている。書物の名は**『御伽百物語』**（巻之二）。作者は青木鷺水。俳人で浮世草子作家である。そして、特殊な能力とは、今でいう〝超能力〟としか考えられないものだった。

難波津（現在の大阪市中央区付近）に、金にまかせて様々な分野の名人を集める淀屋という大商人がいた。名人と呼ばれる者や道を極めた者は、われもわれもと淀屋に媚びへつらい、彼のもとに馳せ参じていた。

一六八九年の二月に天王寺（四天王寺の略称）の御開帳があり、これを目当てに、連日何万という人々が押しかけてくる。淀屋は難波津にも訪れるであろう観光客を当て込んで、名人たちに腕比べをさせようと思いついた。

この話を耳にした絵師の等叔は、これを機にわが名を世に知らしめんと、難波津にやって来た。そして、あちらこちらのつてを頼り、淀屋が行なう名人たちの腕比べに出席する手立てを得た。淀屋はやって来た彼を見て、

「等叔さんは、今日が初めてでしたな。まずは腕前を見せていただきましょうか」

「はい、淀屋様、なんなりとお申しつけください」

「それでは、『竹林の七賢』などを描いていただくのはいかがでしょうか？　山水画で、六枚の屏風に描いてくださいませんか？」

「承知いたしました」

等叔はここが腕の見せどころとばかり、渾身の力をもって『竹林の七賢』を描き上げた。おのれの腕を自慢してやって来ただけあって、その屏風絵の筆致の素晴らしいこと。

「なんと見事な絵なんだろう。生き生きとしていて、まるで竹林の七賢が生きているかのようだ！」

「本当に、阮咸や向秀が今にも話し出しそうですよ」

と、その場にいた人々は、屏風絵のあまりの出来映えに肝を潰すほど驚いた。

衆目の前で見事に「瞬間移動」

人々の中に、山本随桂という人物がいた。

随桂は尺八の名手で、その音色は駿馬の魂を奪い、飛ぶ鳥も落とすとさえいわれ、淀屋の大のお気に入りでもあった。当日もこの座に加わっていて、等叔の墨絵をじっと見ていたが、おもむろに口を開いた。

「確かによく描かれた絵だとは思います。しかしながら、いま一つ足らないところがございます。七賢の姿形は描いていても、彼らが楽しんでいる感情が描かれていません。私が淀屋様のために、この絵を直して差し上げましょう。それも筆で描き加えるのではないので、この絵を損なうこともありません」

これを聞いた淀屋をはじめ、座に連なる人々はびっくりした。

「それはちょいと言い過ぎではありませんか？　たとえ随桂さんがそう感じたにしろ、等叔さんに失礼でしょう」

「そうそう、私たちが日ごろから知った同士で、互いに批評し合ったとしたら許されるけれど、等叔さんは今日初めて見えた方ですよ。お気の毒じゃありませんか？」

「だいいち筆も使わず、どうやって直すというのかね？」

だが、皆が口々にとりなしても随桂は頑として譲らず、自分の主張を繰り返すのみなので、一座は騒然となった。さすがに淀屋もこらえきれず、

「まあまあ、お静かに。これほどおっしゃるからには、随桂さんは特別な方法をご存じなのでしょう。もしその通りになったら、私が金百両を差し上げましょう。しかし、失敗したら十両ずつ我々がいただくことにしましょう。皆さん、これでどうですかな？」

等叔も応じる。

「わかりました。もし本当に筆もとらずに私の絵を直すことができたら、私も百両出しましょう。さあ、早くやってみてください！」

そう言われた随桂はおもむろに立ち上がった。そして、屏風に向かって一気にひゅんと飛び上がった。その瞬間、随桂の姿は忽然（こつぜん）と消えてしまったのだ。

「あれ、随桂さんはどこへ行ったのだろう？　屏風の後ろかな？　いや、ここにはいませんね」

と、皆で大騒ぎして探したが、随桂の姿は見当たらない。その時、屏風の中から随桂の声がした。

「ただ今、絵を直し終わりました。皆さん、私の言葉が嘘でないことをお見せいたしましょう」

そして随桂が屏風から現われ、元の席に座ったのだ。

「さあ、これでこの絵に魂が宿りました。こんなに美しい竹林なのに、絵の中の人物には景色を楽しんでいる様子が見られませんでした。そこで、この七人のうちの阮籍（げんせき）の顔を、にっこりと笑うさまに描き直してきました」

さっそく皆が近寄ってみると、確かに阮籍の表情は口元をほころばせ、心より楽し

江戸時代のテレポーテーション事件を伝える『御伽百物語』。
左上の人物（随桂）の片足は、まだ屛風の中だ

んでいるものに変わっていた。等叔は言葉もなく呆然としていたが、いつの間にか賭け金も払わず、その場から逃げ出してしまったという。

ちなみに、「竹林の七賢」とは、世俗を避けて竹林に隠遁した七人の賢者が、酒を楽しみながら議論をし合ったという、古代中国・魏の故事にならい、画題としてよく描かれていたものである。随桂によって表情を笑顔に変えられた阮籍は、竹林の七賢のなかでも、指導的立場にあった人物だ。

それにしても、絵の中に自由に飛び込めたという山本随桂の超能力とは、現在でいう〝**テレポーテーション（瞬間移動）**〟だったようである。

平田篤胤も仰天! 前世を記憶する少年・勝五郎

車輪が回転して終わりがないように、命もまた転々と他の生を享けて甦ることを繰り返すという。それが、仏教における〝輪廻転生〟だ。

だが、これは仏教世界だけの概念ではなく、実際に輪廻転生が起こっているとしか考えられない事件・事象が古来、世界中から数多く報告されている。そして、日本でも江戸時代後期の**「勝五郎の転生」**という不思議な逸話がある。

話は、一八二二年である。武蔵国多摩郡中野村(現在の東京都八王子市中野)の農民、小谷田源蔵の八歳の次男、勝五郎が突然、自分の兄に向かって妙なことを言い出した。

「おまえは、もとはどこの子供だったのか？　こっちの家に生まれたのか？」

「そんなこと知らない」

と、兄が応えると、今度は姉にも同じことを聞く。そこで姉が、ならばおまえは知っているのかと尋ねると、なんと勝五郎は近隣の程窪村（現在の東京都日野市程久保）の久兵衛という人物の子で、小宮藤蔵という名前だったと言い出すではないか。

「変なことを言うわね、この子ったら。おとっつぁんやおっかさんに言ってやるから」

と姉が言うと、

「頼むからそれは黙ってて」

勝五郎は真顔で答えた。

とはいえ、子供同士のことで、兄弟で何かの機会があるたびに、

「あのことを話すぞ」

「それだけは言わないで！」

ということになり、結局はほどなく母親の耳にも入ってしまった。

そのため、そんなことを言うものではないと、母親に叱られた勝五郎だが、あくまで自分の前世を言い張る。さらには前世での父親、久兵衛は、勝五郎がまだ小さい頃に亡くなっており、彼は新しい父親の半四郎という人物に育てられたという話まで詳しく語るに至った。

しかし、その前世の藤蔵も、五歳の時に天然痘で死んでしまったという。そして、棺桶に入れられて埋葬された後、白髪で黒衣の老人に連れられて、薄暗いが綺麗な花がたくさん咲いている、「あの世」らしきところに行った。そこにしばらくいると、再び白髪の老人が現われ、彼に連れられて小谷田家に来て、勝五郎として生まれ変わったのだという。

むろん両親は本気にしなかったが、勝五郎は一度打ち明けたら急に懐かしくなったのか、明けても暮れても、前世で暮らしていた程窪村に行って前の両親に会いたいと、せがむようになった。

中野村と程窪村の距離は六キロメートルほどと、それほど離れてもいなかったので、ついに母親が折れて連れていくと、勝五郎は先頭に立って歩き、道案内をし出すではないか。

東京都日野市の高幡不動にある
勝五郎の前世・藤蔵の墓を知らせる看板

こうして訪ねていってみると、確かに程窪村には半四郎夫婦の家があり、勝五郎の噂を聞いていたせいか、たいそう歓待された。

実際、半四郎夫婦には「亡くなった藤蔵に似ている」といって、泣かれもした。

この話はさらにお上(かみ)の耳にも伝わり、地元の地頭、多門伝八郎(おかどでんぱちろう)という人物によって報告書が作成された。

やがて国学者の平田篤胤(ひらたあつたね)がこの話を聞きつけ、勝五郎を自宅に招いて話を聞き、後に『勝五郎再生記聞(きぶん)』という書物にまとめた。

「転生の生き証人」は明治まで生きていた！

文学者・小泉八雲ことラフカディオ・ハーンによって、海外にも紹介されているほど有名なこの奇談「勝五郎の転生」だが、さる民俗学者によると「文化・文政の頃は、余暇をもてあました連中が盛んに作り話を面白がって流行らせた時代だけに、この勝五郎転生の話は、眉唾の話なのではないか？」という批判もある。

ところが、決してこれが単なる噂話や眉唾ではない、という証拠が、実は発見されている。一九六六年九月以降、日本心霊学の本家である「公益財団法人日本心霊科学協会」が数度にわたり、現地を探索した結果、勝五郎と藤蔵をはじめとする関係者ほぼ全員の墓と過去帳が確認できた。そしてまた、現地にその子孫も残っていたのである。

その報告書によると、勝五郎が亡くなったのは、なんと明治二年（一八六九）十二月四日だったという。この**転生の生き証人は、明治まで生きていた**のである。ちなみに、勝五郎に関する調査・研究は、現在も日野市において続けられているという。

4章

超能力者たちの禁忌

……民がひれ伏した「この世ならざるもの」とは

1 卑弥呼――謎多き〝神がかり〟の巫女

卑弥呼(ひみこ)は西暦一七五年から二四七年（二四八年説もある）頃にかけて、邪馬台国(やまたいこく)を都とする倭国(わのくに)を治めたとされる女王である。だが、彼女の存在を記した歴史書は日本にはなく、『魏志倭人伝(ぎしわじんでん)』などの中国の史書に頼らざるを得ない。つまり、**この国の歴史から〝消された〟女王**なのである。

卑弥呼が生きた時代、中国では倭国と呼ばれていた三世紀頃の日本では、七十年以上も続いた男性王の時代を経て大きな内乱が勃発(ぼっぱつ)。その混乱が五年以上続き、邪馬台国の卑弥呼を女王に立てることで、ようやく収まったとされている（『後漢書(ごかんじょ)』や『隋書(ずいしょ)』の記述によれば、一八九年頃）。その卑弥呼について、『魏志倭人伝』が伝える記述は次のようなものだ。

「すなわち共に一女子を立てて王と為す。名を卑弥呼と曰ふ。鬼道に事え、能く衆を惑わす。年すでに長大なるも、夫婿なし。男弟あり、佐けて国を治む」

この記述で気になるのは、卑弥呼が「**鬼道**」で民衆を惑わしていたという部分だ。この鬼道という言葉の意味や惑わすという言葉については、諸説があり、正確な内容は今もってわかっていない。

中国の史書などによれば、黎明期の中国道教のことを「鬼道」と記している例もあることから、道教系の呪術の一種だった可能性がある。道教には現世利益の様々な秘術があるといわれ、卑弥呼もそれに類する術を体得していたのかもしれない。

また、後漢末期の一八四年に起きた宗教的な農民反乱「黄巾の乱」に代表されるように、当時の中国における道教は反体制的な立ち位置の宗教でもあった。それを考えると、仮に卑弥呼が道教の秘術を使って民衆を導いていたとしたら、「鬼道で衆を惑わす」と記述されても不思議ではない。

だが呪術的な要素はあったとしても、古代から存在したとされる神のお告げを聞き、それを伝えるシャーマンの術のようなものではないかと考えるのが妥当だろう。時代をさかのぼるほど、こうした〝神がかり〟の存在は政治の場において重要視されていたのは歴史的事実である。

この史書が記された時、卑弥呼はすでに高齢であったようだが、夫はいなかったようだ。

これも、神がかりをする巫女のような存在であったとすれば、合点がいく。神に仕える巫女に処女性が求められたように、**霊力を維持するために独身を通した**と考えられるからだ。

もっとも、彼女一人の力で国を治めていたのではない。『魏志倭人伝』によれば、弟が彼女を補佐していたという。あるいは、ちょうど『旧約聖書』におけるモーセと、その兄で弟モーセの代弁者を務めたアロンの関係のように、卑弥呼が受けた神託を弟が周囲に伝え、民衆をまとめていたのかもしれない。

「卑弥呼以死」――謎めいた暮らしぶりとその最期

王となってからの卑弥呼は、さらにミステリアスさを増していく。都にある女王の宮室には楼観（物見のための高どの）や城柵が設けられ、そこの出入りが許されたのは給仕役の男子のみ。卑弥呼の姿を見た者はほとんどいないと書かれている。

このように謎めいた存在ではあるが、外交面の記録はそれなりに残っている。大陸からの脅威を念頭においていたのか、隣国である魏との交流は定期的に行なわれており、大夫である難升米を遣わし、親魏倭王の金印や銅鏡百枚、黄幢（魏の正規軍であることを示す旗）などを授与されたという記録が『魏志倭人伝』にある。また、なかなか卑弥呼に従おうとしなかった狗奴国との戦においては、魏の特使が和平をとりもった（二四七年）とも記述されている。

こうしてみると、邪馬台国が当時の中国の三国時代の一角をなす魏と対等に交流をもっていたことがわかる。それはつまり、邪馬台国が〝国家〟として認められる規模であり、政治的にもその〝基準〟を満たしていたことの証左となるだろう。そして同時に、「邪馬台国がその後に続くヤマト王権の礎となった国家である」という主張にも合致する規模だ。

いずれにしても、この狗奴国と戦ってから和平に至る時期（前後、諸説ある）に、**卑弥呼は「以死」した**と『魏志倭人伝』には記されている。これを〝死んでしまった〟ととるか、〝すでに死んでいた〟と捉えるかで議論が分かれており、さらに、その直前に狗奴国との抗争が書かれていることから、戦争が原因で死亡したという説もある。残念ながら、これを特定できる歴史史料は今のところ発見されていないため、彼女の死因についても、邪馬台国の存在と同様に解明できていない。

◈畿内か九州か——謎が謎を呼ぶミステリー

その一方で、彼女の墓については、具体的に記録がある。この時、倭人は径百余歩（今日における二百歩に相当するといわれている）もある大きな塚を造り、卑弥呼の死を悼(いた)んだとされているのだ。塚の大きさが径で記されているところから、その形状

「卑弥呼の墓ではないか」と有力視される箸墓古墳。
宮内庁によると、第７代孝霊天皇の皇女が眠るという

は円墳であったと考えられ、墳丘長は諸説あるがおよそ百三十メートルと推定されている。そこに殉葬した奴婢百余人とともに永遠の眠りについたのだ。

なお、卑弥呼がどこに眠っているのか、墓の場所については、邪馬台国がどこにあったかが特定されていないのと同じように、様々な説が唱えられている。

畿内説に従えば、奈良県桜井市にある前方後円墳、**箸墓古墳**が有力視され、九州説をとれば、福岡県京都郡苅田町の、当地で最古にして最大級の石塚山古墳や同じく福岡県糸島市の平原遺跡が候補地とされている。

なお、平原遺跡からは「三種の神器」の一つである八咫鏡（やたのかがみ）の起源となった鏡とされる「大型内行花文鏡（おおがたないこうかもんきょう）」が発見されているのが興味深い。なんと、**卑弥呼はアマテラスと同一人物**であるとする説があり、それに従えば、この鏡はまさに決定的な証拠となるのだが、今のところ、どの説も特定にまでは至っていない。

卑弥呼の死後、邪馬台国には男王が擁立（ようりつ）されるが、国が再び混乱期を迎えたため、宗女の壹與（いよ）（臺與（とよ）とも）が女王に即位。その後、平和が戻ったとされている。そして、この壹與の記録を最後に、倭国そのものの記録が『魏志倭人伝』や『後漢書』、それに続く中国の歴史書群から姿を消す。

再び、この国の存在が隣国の史書に登場するまでには、およそ百五十年待たなければならない。この間に日本で何が起こり、いかなる経緯を経てヤマト王権が成立したのか？　卑弥呼の謎と同様、それもまた解けないミステリーのままなのである。

2 聖徳太子は史上最高の「天才予言者」だった？

第33代推古天皇の摂政として憲法十七条や冠位十二階の制定、遣隋使の派遣、法隆寺の建立と、飛鳥時代に活躍した**聖徳太子**。その超人とも呼ぶべき異才ぶりは周知の通りだが、それがゆえに数々の逸話とともに、異説も唱えられている。

もっとも有名な異説の一つは、「聖徳太子の存在自体が創作であり、その誕生秘話は景教として日本にもたらされたキリスト教とイエス・キリストの影響がある」とする説だろう。

また、縁の深い寺院では聖徳太子が童子（子供）の姿で祀られていることが多い。密教の奥義を極めた空海、修験道の行者たちが使役する神霊や鬼神のことを「護法童

その異才ぶりゆえに数々の伝説に彩られた聖徳太子

子」と呼ぶが、この姿は鬼の姿で表現されることが多い。

そのため、「童子＝鬼」は同一視されることがあり、聖徳太子が童子の姿で祀られるのは、「鬼の化身」だからという説まである。

『日本書紀』にも、それは見ることができる。仏教導入を巡って物部氏と敵対する蘇我氏に味方し、祈念をもって勝利へと導いた厩戸皇子、すなわち聖徳太子は、童子特有の髪型の束髪於額（十五、六歳の少年が、ひさごの花にかたどった髪を額に束ねた髪型）で描かれており、これもまた「太子＝童子＝鬼説」を後押ししている。

大阪府八尾市に残る大聖勝軍寺にある聖徳太子像は赤茶色の長髪であることから、大陸系の騎馬民族の血統である、あるいはペルシャ系の渡来人の証であるという主張もあるが、鬼を擬人化した姿とも考えられるのだ。

なぜ救世観音は〝封印〟されてきたのか？

聖徳太子が建立した法隆寺は、**聖徳太子＝鬼を封印するための〝結界〟**であるという主張もある。夢殿の本尊である救世観音菩薩立像（ぐぜかんのんぼさつりゅうぞう）は聖徳太子の等身大像とされているのだが、実に二百年以上もの間、封印されていた。なぜならば、法隆寺には救世観音菩薩を開扉（かいひ）すると、天変地異が起こるという伝承があった。それゆえ秘仏化されてきたというのだ。

古来の日本では、鬼や怨霊といった畏怖すべき存在を聖なる場所に祀ることが少なからずあった。救世観音菩薩の姿をとっていたとしても、〝真の姿〟が鬼であっても不思議ではない。だとすれば、秘仏として〝封印〟されていたと

法隆寺の秘仏、救世観音。
聖徳太子を写し取ったともいわれる

しても筋は通る。

さらに興味深いのが、この法隆寺で行なわれる大法要の舞楽に登場する聖徳太子だ。なんと、終幕近くに現われる太子の姿が、まさに鬼そのものに変化するのだ。もしかしたら聖人であった太子は鬼、あるいは人ならざる異人に転身してしまったのだろうか？

聖徳太子の不可思議な伝承は他にもある。『聖徳太子伝暦』には甲斐（現在の山梨県）から献上された「黒駒」に由来するウマに乗り、富士山の上空を飛び越えた。それに同行した調教師が「足元に様々な山々を見た」と周囲に語ったという記述があるのだ。この逸話だけを見れば英雄譚にしては荒唐無稽に見えるが、鬼＝異人説の視点から考えれば、超人的なエピソードにも不思議と納得がいく。

聖徳太子が「異能の存在」であるエピソードは他にもある。

とりわけ注目したいのは**未来を見通すことができたという逸話**である。筆者が焦点をあてる理由は、そのことが日本の正史である『日本書紀』にはっきりと記述されていたからだ。

◈聖徳太子の幻の予言書『未来記』の謎

「厩戸皇子、未然を知ろしめたもう」

これが『日本書紀』に書かれた一説であり、**厩戸皇子＝聖徳太子は未来の出来事を示した**、という意味をなすものである。そればかりではない。〝予言者〟であることを裏づけるような予言文集**『未来記』**を聖徳太子は記していたのだ。ただし、この予言書が史実として語られる機会がないのは、文書（もんじょ）という形としては残っておらず、歴史上の人物による伝承の中だけに存在する幻の文書だからだ。

例えば、鎌倉時代の歌人、**藤原定家（ふじわらのていか）は日記『明月記（めいげつき）』の中で、瑪瑙（めのう）石に刻まれた『未来記』が発見され、関東の勢力（鎌倉幕府）が天下を治めると書かれていた**と記述している。

さらに『太平記』によると、鎌倉から南北朝時代にかけて活躍した武将の**楠木正成（くすのきまさしげ）も、大阪の四天王寺で『未来記』を見た**とされている。そこには「人王九十六代にあたり、天下ひとたび乱れて主安からず」と書かれており、この言葉を「鎌倉幕府の滅亡と後醍醐天皇（第96代）の勝利」と読み解いた正成は、苦難の戦況にも耐えて戦ったという。

この文書は現存していないが、歴史上では確かに存在したようだ。

聖徳太子の研究をしていた江戸時代の僧、潮音道海は、太子が記した『未来記』の元本と思われる『未然本紀』を発見。そこに書かれた六二二年から一六二一年までの予言を読んだという。現在からしてみると、すでに過去の出来事であるが、太子はこれ以降の時代も、予言の内容が百年ごとに繰り返し起こるだろうと書いていたという。それに則って読み解いていくと、偶然にも現代が前述した楠木正成の時代と相応することが判明した。

だが、この『未然本紀』は江戸時代では人心を惑わすとして焚書扱いされたため、またも幻の書となってしまっている。その内容が時の権力者たちに不都合であったためだが、『未来記』も同様な理由で幻となっていたに違いない。

はたしてそこには、いかなる予言が書かれていたのだろうか？

法隆寺五重塔に刻まれていた「あまりに凄惨な未来」とは

聖徳太子の予言は『未来記』だけではなかった。なんと、**法隆寺にも予言が残されている**というのだ。それも、**五重塔に巧みに秘匿**されていたという。

五重塔には、遣隋使を使って取り寄せた仏舎利（釈迦の遺骨）がその地下に埋められているという伝説がある。そして、この五重塔自体が、予言をなしているというのだ。

五重塔の「五」とは、地・水・火・風・空という万物をつくる五つの要素（五輪）を表わすというが、この**法隆寺の五重塔は、釈迦が説いた人類の五つの未来を表わしたもの**だといわれている。塔は一階を五百年と計算し、五重で二千五百年を表わす。この二千五百年は、人々は塔の中で平和に暮らすことができるということを意味しているという。だが、二千五百年を過ぎると塔から追い出されてしまい、塔の上に伸びている相輪へ上らなければならなくなる。つまり、人間の未来に訪れる、険しい道のりが示されているのだ。

釈迦入滅後、二千五百年後に人類の滅亡が訪れるという予言を、空海と同様に聖徳太子も示しており、五重塔はこの予言に沿って建造されているという。

実は、塔建立当時には、各階に五百年ごとに起こる出来事を予言するような絵が描かれていたという。そして、最上階には餓鬼界や修羅界が描かれた、恐ろしい世界が現出されていたと伝えられる。

しかし、描かれた世界のあまりの凄惨さに、時の権力者によってそれらの壁画には上から漆喰が塗り込められたとされる。それでも剥落がひどく、現在では他の場所で保管されているという。前出の『未来記』同様に、権力者たちにそこまでさせるほどの予言とは、いかなるものであったのだろうか？

釈迦の没年は特定されていないため、二千五百年後にあたる人類滅亡の時期も特定できない。一説ではそれが二〇五〇年にあたるともいわれているが、太子の予言も当然、それに即しているはずだ。だとすれば、〝予言者〟聖徳太子が見た滅亡のビジョンは、そう遠くない未来に現出することになるのだ。これぱかりは的中しないことを祈りたくなるのは、筆者だけではないだろう。

3 女性の色香に負けて神通力を失った久米仙人

仙人。それは道教において、**神に次ぐ存在**とされ、俗界を離れて山中や島、天界などに住み、不老不死、空を飛べるなどの神通力をもつとされる人間のこと。なお、道教とは中国の代表的な民間宗教である。

心身の清浄を保ち、長年の厳しい修行を経て仙人となった人間は、以下のような凄(すさ)まじい方術(ほうじゅつ)(道士や仙人などが使う技)を発揮することができる(ちなみに、道士とは仙人になるための修行をする人間のことである)。

・体が軽くなり、空を飛ぶことができる

・水中に潜ったり、水上を歩くことができる
・はるか彼方まで見通せる
・火の中に飛び込んでもダメージを受けない
・姿を隠したり、分身の術を使ったりできる
・真の闇の中でも物体を見ることができる
・獰猛な獣や毒蛇などを従わせることができる

などなど……。こうした能力を使って、仙人は人間を助けることも間々あるという。

「ただの人」に落ちぶれた後からのV字回復

さて、本題の「久米仙人」である。さすがに道教の本場の中国と違って、日本で「仙人」と呼ばれる存在はきわめて少ない。久米仙人は、その数少ない仙人の一人だ。

奈良県橿原市久米町に「久米寺」という寺があるが、実はこの寺の開祖が久米仙人といわれている。久米仙人はほぼ伝説上の人物であるだけに、生没年ははっきりして

いない。ただ、六世紀、第29代欽明天皇の時代、葛城の里（現在の奈良県御所市から北葛城郡新庄町・當麻町にかけて）に生まれたとされる。

久米仙人は、龍門ヶ獄（現在の奈良県宇陀市と吉野郡吉野町の境界）で仙人となるべく修行を積み、空を飛ぶことが可能となった。ある日、仙人はお気に入りだった龍門ヶ獄から葛城山というコースを、いつものように飛行していた。

久米仙人は女性の白いふくらはぎに興奮、神通力を失い、あえなく地上へ落下した

すると、久米川の川辺で若い女性が洗濯をしていた。着物の裾をまくり上げて……。その際に見えた女性の白いふくらはぎ（ふとももも説も）に、仙人は思わず興奮してしまった。その途端、仙人は神通力を失い、あっという間に地上に落下してしまったのだ。

神通力を失った仙人は、もはや

ただの俗人である。仕方なく仙人はその女性を妻とし、普通の人間として暮らすことになった。

その頃、第45代聖武（しょうむ）天皇は、東大寺に大仏殿を建立する予定でいた。久米仙人はその工事に際して、労働者として従事し、主に材木の運搬に携（たずさ）わった。

「あいつは元仙人だってよ」

「落ちぶれたもんだな」

などと、久米仙人を揶揄（やゆ）する声を知った担当の役人は、ある時、彼に話をもちかけた。

「おまえが仙人なら、神通力で材木を運べないか？」

と……。ここで久米仙人は一念発起。道場にこもって七日七夜の修行に励み、ついに神通力を復活させたのである。八日目の朝、彼は吉野山（奈良県吉野郡吉野町）から切り出した大中小の材木を空中に浮かせて運搬、建設予定地に見事、着地させた。その働きで、大仏殿は異例の早さで完成したという。ちなみに、八日目のその日は突然空が曇り、闇夜のようになり、激しく雨が降ったという。

喜んだ聖武天皇は、久米仙人に土地を与えた。仙人はそこに久米寺を建てたのである。なお、後に久米寺を訪れた空海は、この地である種の天啓を受け、これがもとで八〇四年に唐に留学。真言密教を学んだとされる。

さて、久米仙人と妻だが、二人は百数十年間、久米寺に住んだ後、どこかへ飛び去ったという。

余談だが、橿原市では毎年十月に「久米仙人まつり」が行なわれ、長寿や縁結びの祈願、仙人踊り、久米仙人の絵馬なども見られる。久米寺の金堂横には、久米仙人の石像もあり、参拝客を出迎えてくれる。

『本朝神仙伝』に登場する多士済々

久米仙人の伝説は、様々な書物に表われる。一〇九八年頃成立した『本朝神仙伝』(大江匡房)、一一二〇年頃成立した『今昔物語集』、鎌倉時代末期成立とされる『徒然草』(吉田兼好)などなど……。このうち『本朝神仙伝』に、久米仙人が可愛く見えるほどの落ちこぼれ仙人の話があるので、最後に紹介したい。

落ちこぼれ仙人の名前は**「竿打仙」**。出身は大和国(現在の奈良県)。この竿打仙は必死の修行もなかなか実を結ばず、やっとの思いで空を飛ぶ神通力のみ身につけた。といっても高度はたかだか二、三メートル。ヒョロヒョロ飛ぶのが限度であった。名前の由来は、竿を持った悪ガキたちに追い回されてたたき落とされかねないから、というものだ。トンボやチョウとたいして変わらない。

その逆をなす存在を『本朝神仙伝』からもう一人。こちらは実在が確認されている、平安時代中期の天台宗の僧侶である。名は**「陽勝仙人」**。八六九年に、能登国（現在の石川県）で生まれた。絶食などの長く厳しい山林修行を行なった末、仙人となったと伝わる。その姿は骨と皮だけで、全身に長毛を生やし、二枚の翼で自在に空を飛んだという。

他に、飛鳥時代（六〜七世紀頃）に中国・朝鮮半島経由で日本を訪れたインドの**「法道仙人」**は六甲山で修業を重ね、毘沙門天を感得。渡来人ながら、播磨国（現在の兵庫県南西部）一帯の山岳などに開山・開基としてその名が残されている。

もう一人、修験道の開祖ともされる**「役小角」**も忘れてはならない。**神々すら自分のために働かせたほどの神通力を身につけていた**というから凄まじい。少なくともこの国においてはトップクラスであろうその力については、次項にて紹介したい。

4 鬼神を使役！　国史にも名を刻む役小角

冠位十二階や日本初の憲法十七条を制定し、大王・王族中心の国家体制の基盤を築いた聖徳太子。日本初の女帝となった第33代推古天皇を支えた太子の死後、すでに大きな力を得ていた蘇我氏の権勢は天皇をも凌ぐほど強大となっていく。

その蘇我氏の没落のきっかけとなった乙巳の変は、朝廷の存在すら軽視するようになった蘇我入鹿に対して行なわれた〝血の粛清〟と呼んでもいいだろう。中大兄皇子や中臣鎌足によってなされた蘇我入鹿暗殺事件は、国政改革となる大化の改新の端緒として歴史に刻まれたが、実はそれだけではない。

入鹿暗殺の訃報を知った父の蝦夷は館に火を放ち、自死をしている。この時に、聖徳太子と蘇我馬子が編纂した『天皇記』や『国記』など、重要な史書が消失してしまったのだ。その意味で乙巳の変は、歴史書という側面でも前体制と〝決別〟した分岐点ともいえるのだ。

その後、白村江の戦いや壬申の乱など、内外で混乱が続いたため、六十年以上もの間、古代日本の歴史を伝える史書が編纂されることはなかった。この空白期間を経て編纂されたのが『古事記』であり、『日本書紀』である。

『日本書紀』は日本が国家として成立する過程を伝える国史として知られ、神代から第41代持統天皇の歴史が描かれている。これに続く国史は、およそ二百年がかりの国家事業として『続日本紀』『日本後紀』『続日本後紀』『日本文徳天皇実録』『日本三代実録』が編纂されている。これらの六書は**「六国史」**と総称され、今日の日本においても国史に位置づけられている。

「六国史」に書かれている記述は国のお墨つきを得た〝正式な歴史〟であり、歴代天皇や聖徳太子といった教科書に載るような偉人たちが名を連ねている。そうした正史の中にあって、**異能の存在**とも呼ぶべき者たちが紛れていることが少なからずあるの

国史にもその名が燦然と刻まれる役小角。
空を飛び、鬼神を従えるほど傑出した異能者だった

も興味深い。なかでも突出しているのは、やはり**役小角**であろう。**役行者**（えんのぎょうじゃ）とも呼ばれる彼は、空を飛び、鬼を従えたという〝異業〟が伝説的に語られているのだ。その驚愕の異人伝を見ていこう。

呪術を自在に操るミステリアスな存在

役小角は生年から没年まで詳細不明と、その生涯を通じてミステリアスな存在だ。金杵麿（こんじよまろ）とも呼ばれた幼少期は、今日では奈良県御所市茅原（ちはら）にある吉祥草寺（きっしょうそうじ）が建つ大和国葛上郡（かつじょうぐん）茅原郷が出生の地であり、母は白専女（しらとうめ）、出雲（いずも）から入り婿（むこ）した父が大角（おおづぬ）であるといった程度のことしか語られていない。

役小角が感得した「金剛蔵王権現」（重要文化財）。
秘仏のため、ふだんは公開していない

もしかしたらそれは、幼くして異人としての片鱗を覗かせていたことに起因しているかもしれない。小角は幼児期の段階で誰に教わったわけでもないのに梵字（サンスクリット語を記すのに用いる文字）を書き始め、十六歳で山背国（現在の京都府南部）に志明院を創建。翌年には孔雀明王の呪法の修行を開始している。

その後、現在の金剛山を主峰とする葛城山系や吉野、大峰で鍛錬を重ね、金峯山での修行中に修験道の本尊**「金剛蔵王権現」**を感得。若くして修験道の基礎を築いていたのだ。

その高弟には、後に外従五位下にまで昇進し、医療と呪禁を司る典薬寮のトップに上り詰めた韓国連広足がいたことも、ある意味で小角の能力の証左となろう。

『続日本紀』の伝えるところでは、役小角の能力を妬んだ高弟である韓国連広足が偽証により、己の師を伊豆の島への配流に追い込んだと読み取れるというから、呪術師として高い能力を有していたのは間違いないだろう。その能力の高さゆえに役小角は、**鬼神を使役**しており、水を汲み、薪を採らせていた。そして従わない者は呪縛していると世間で噂されていたようだ。

と、ここまでが『続日本紀』に書かれた〝史実〟である。島送りになったのは晩年の六九九年となっているが、実は、それ以前については『続日本紀』に言及はなく、八一〇～八二四年に成立した説話集『日本霊異記』の記述に頼らなければならない。

古参の神・一言主さえも呪縛する能力

死後約百年後に書かれた『日本霊異記』における役小角は、『続日本紀』に書かれた〝史実〟より神格化が進んでいるのが特徴的だ。仏法を貴ぶ優婆塞（在俗の男子の仏教信者）として描かれる役小角は若くして雲に乗ることができたというのが、〝史実〟との差異の一つだ。

しかも、孔雀明王の呪法を修めた役小角は使役する鬼神たちに命じて、大和国の金峯山と葛城山（かつらぎさん）の間に橋をかける計画を立てたとある。その行為が帝に対する謀反であるという讒言を生み、役小角は伊豆の島に流されるのだが、それ（讒言）をなすのは韓国連広足ではなく、やはり役小角に使役されていた**一言主**（ひとことぬし）だ。

一言主は『古事記』や『日本書紀』にも登場する古参の神であるはずだが、『日本霊異記』では鬼神と並んで使役されている。神として格下げともいえるかもしれないが、筆者はその逆で役小角の能力の高さを示すための逸話と考えている。

実際、後に**一言主は役小角の呪法で縛られてしまい、『日本霊異記』が執筆されている時点ではその術が解けていない**というから、その能力たるや恐るべしである。

讒言の主が誰であるにせよ、役小角が島送りになったのは間違いない。『日本霊異記』による伝承の面白いところは、島送りになっても役小角がおとなしくしていないという点にある。昼こそ島内にいるものの、夜になれば海の上を歩いて富士山へ向かい、さらに修練を重ねていたという。

これを伝え聞いた朝廷の人々は役小角の術を恐れ、役人を送り込み、命を狙わせたという話もある。この時、役人の刀は役小角の首をとらえていたが、喉元に到達した瞬間、粉々に砕けてしまったという。それればかりではない。砕けた刃を役小角がくわえると、どろりと溶けてしまったという。

このように『日本霊異記』における役小角は超人的な存在として描かれているが、そのためか死についても明確にされず、入寂（にゅうじゃく）という表現で表わされている。しかもその後、六五三年に遣唐使の船に乗って学問僧として入唐（にっとう）した道昭（どうしょう）が役小角らしき人物を認めたとされているから、**死すら超越した存在**になっているのかもしれない。はたして、役小角はいかなる存在であったのだろうか？

『日本霊異記』における役小角は、鬼を使役し、神すら従えている。さらに海上を走り、雲に乗るとなれば、**もはや神域に到達した存在**と考えるのが妥当だ。狭視的なアカデミズムの立脚点で考えれば、韓国連広足が高弟にいて、何らかの理由で島送りになった、という点だけが史実だ。鬼を使役しているというのは文字通り、伝説・神話の域を出ない。山岳信仰を背景に偉人化＝神格化された存在であると主張されるだろう。だが、鬼を使役したという部分が伝説であったとしても、それが生まれる〝きっかけ〟があるはずであり、そこにこそ役小角が奇異なる存在である証が秘められていると筆者は考えている。

実は、役小角の所縁の地は全国各地にあり、その土地その土地に逸話も残されている。機会があれば、そうした地を直接訪れて、伝説の秘密を解く鍵を探してみたいものだ。

5 実在した「最強の陰陽師」安倍晴明

今日でも小説や漫画、アニメやゲームなど、数多くの作品に登場する平安時代の陰陽師、**安倍晴明**。超常的な力を有する能力者として知られる晴明だが、れっきとした実在の人物である。当時の最先端の学問である天文道や占術を体系づけた陰陽道において卓越した存在であった彼は、その生誕からして神話的ともいうべき逸話が語られている。

晴明がこの世に生を享けたのは九二一年と定説化されているが、生地については複数の〝候補地〟がある。例えば、奈良県桜井市にある安倍寺跡は安倍一族発祥の地とされている。他にも、晴明自身が編纂したとして伝承される占術の実用書『三国相伝陰陽輨轄簠簋内伝金烏玉兎集』の注釈書『簠簋抄』の伝承によると、現在の茨城県筑西市猫島で生まれたとあり、丸亀藩（現在の香川県）の地誌書『西讃府志』には讃岐国香川郡由佐が誕生の地とされている。

さらに、大阪市阿倍野区阿倍野元町には晴明が産湯を使ったとされる井戸が今も残されている。

このように、生誕からミステリアスな晴明だが、陰陽師に任じられて以降の記述がほとんどで、そこに至るまでの記録も多くはない。ただし、非凡なる才覚を幼き頃より示していたことは間違いないようだ。

賀茂忠行のお供中「百鬼夜行」を感得

平安時代前期、第60代醍醐天皇をして「天下に並ぶものなし」と称された陰陽家に**賀茂忠行**がいる。それまで天文道、暦道、陰陽道の三つに分かれていた陰陽寮を統括した功績で知られる忠行は、ふせられたものを言い当てる射覆を得意とする能力者でもあった。その力を受け継いだ嫡男の**賀茂保憲**(やすのり)も非凡な才能を示したが、実子の保憲と同じように忠行がかわいがったのが幼少期の晴明であったという。平安時代末期の説話集『今昔物語集』には、そのきっかけとなる逸話がある。

忠行は内裏(だいり)からの帰路、門下生として牛車(ぎっしゃ)に付き従っていた幼い晴明に呼び起こされた。声に従って外を見ると、**百鬼夜行**(ひゃっきやこう)**の一団**が目の前にまで迫っていた。晴明はそれを知らせようとしていたのだ。おかげで難を逃れた忠行は、晴明の非凡なる能力に舌を巻いた。『今昔物語集』よれば、忠行は陰陽道の神髄を瓶(かめ)の水を移すように晴明に授けたという。

このように、当代随一の陰陽道の英才教育を得た晴明であったが、その後の立身出世は早いとはいえない。

我々が一般に知る晴明の活躍譚は四十歳を過ぎてから、当時としては相応に高齢になってからのこと。その意味では遅れてきた天才、ともいえるかもしれない。だが、人としても円熟味を増した晴明の能力者としての逸話は、どれもみな興味深いものばかりである。

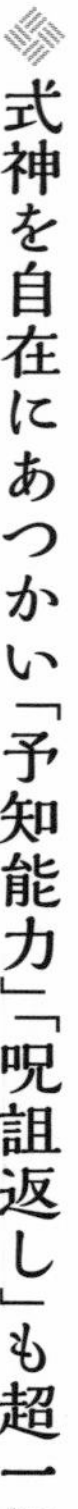

式神を自在にあつかい「予知能力」「呪詛返し」も超一級

ここで改めて陰陽師という〝職業〟を見てみよう。陰陽師は、この世のすべての事象に陰と陽があると考える陰陽説と、そのすべてが五つの元素――木、火、土、金、水から成るという五行（ごぎょう）思想が組み合わされた「陰陽五行思想」に基づく陰陽道をもって占筮（せんぜい）を行ない、地相（土地の形勢を観察して判断される吉凶）を見る存在だ。

この思想自体が百済（くだら）から日本にもたらされたのは、遅くとも飛鳥時代といわれており、聖徳太子が制定した憲法十七条や冠位十二階にもその影響があるという。七一八年、中務省（なかつかさしょう）に陰陽寮が設置され、陰陽師は公的に式占（しきせん）を担（にな）うようになる。以降、時代を経て民間にも広がりを見せ、同時に神職と同一視されながらも、明治時代初期まで重用され続けた。この長い歴史において、もっとも傑出した存在が安倍晴明なのだ。

前述の通り、晴明は幼い頃より才能を認められていた一方で、出世は遅い。四十歳過ぎで官職としての陰陽師に任じられてからも順風満帆（じゅんぷうまんぱん）とはいかず、五十歳を過ぎても天文博士どまりであった。だが、兄弟子でもあった保憲が没した後、師貞（もろさだ）親王（後の第65代花山天皇）の信頼を得てからは、今日でも知られるような活躍が様々な文献で見られるようになっていく。

晴明は紙や木片に命を吹き込んで使役する**式神を自在に扱う**ことで知られるが、気象や天文の動向によって予知をなす実力も相当なものであったようだ。とりわけ、花山天皇とのエピソードにその力を示す逸話がある。

平安時代後期の歴史物語『大鏡』によると、十七歳で即位した花山天皇は女御の藤原忯子をことのほか寵愛したが、懐妊中に死別。落胆した天皇は供養のための出家を願うようになり、藤原兼家らの策略で行動に移す。天体の異常によって〝譲位劇〟を察知した晴明は式神をもって宮中に知らせようとしたが、天皇はすでに花山寺（元慶寺）に向かっていたというものだ。

他にも、『古事談』には花山天皇の前世を言い当てた逸話や法成寺（かつて京都市上京区にあった寺）で呪具の存在を占ったという話が、そして『宇治拾遺物語』には、蔵人少将にかけられた呪いを解く「呪詛返し」のエピソードが語られる。

もちろんこれらも印象的だが、『宇治拾遺物語』のなかでも、**仁和寺でその秘儀を垣間見せたエピソード**は筆者にはより興味深いものだ。

呪文でガマガエルを瞬殺

ある日、晴明が仁和寺に寛朝僧正（かんちょうそうじょう）を訪ねた時のことだ。その場に居合わせた公卿たちに、とある噂の真偽について揶揄（やゆ）される。その噂とは、晴明が広い屋敷に召使や下男をおかずにいるにもかかわらず何不自由なく暮らしていることや、誰もいないのに屋敷の門が開閉するということから、「姿なき鬼を使役している」というものだ。公卿たちは噂を信じていなかったから、噂される力が本当なら目の前で証明してみせてくれと晴明にもちかけたのだ。

居丈高（いたけだか）な態度に辟易（へきえき）としながらも、晴明は縁先に立って草を摘（つ）み上げると、呪文（じゅもん）を唱え始める。そしてその草葉を、庭を這（は）うガマガエルに向かって投げつけた。公卿たちが目をむいたのは、次の瞬間のこと。草葉がガマガエルの背中に舞い落ちるや、その体がまるで重い石に潰されたように真っ平に崩潰（ほうかい）してしまったからだ。

はたして、晴明の評判がますます高まったのはいうまでもない。

花山天皇の退位した後も、第66代一条（いちじょう）天皇や藤原道長の後ろ盾を得た晴明は、死後もその神通力が失われることはなく、渡辺綱（わたなべのつな）が一条戻橋（もどりばし）で切った鬼の腕を封印した（『平家物語』）とか、酒呑童子（しゅてんどうじ）の所行を占った（『大江山絵詞（おおえやまえことば）』）など、神格化された伝説が数多く生まれたとされている。

ちなみに晴明の最期についても〝終（つい）の場所〟の候補地が全国にあり、はっきりしていない。ただし、享年についてはある程度判明しており、八十四歳（八十三歳とも）まで生きたとされている。平均的な寿命が四十歳ほどであった当時としては驚異的なほどに長寿であった。その意味でも超人であったのだが、これについては彼の**出生に秘密**があるようだ。

安倍晴明の「並外れた霊力」には母親が妖狐であることが関係している――？

前述した『簠簋抄』によると、**母親は「葛（くず）の葉（は）」なる妖狐**であったというのだ。つまり安倍晴明は人間の父（安倍保名）と妖狐のハーフであるがゆえに、人並外れた霊力（もしくは妖力）を身につけていたというのだ。

さすがにこれは晴明の神話化に付帯した創作であると考えられる（『簠簋抄』の成立は江戸時代とされる）。一方で、神話的に語られる歴史であっても史実が隠れ潜んでいる事実を知るにつけ、そのすべてを〝フィクション〟とは言い切れないと考えるのは筆者だけではないだろう。はたして、真の安倍晴明はいかなる存在なのか、興味は尽きない。

安倍晴明を殺した男——蘆屋道満

実は、**「安倍晴明は二度死んだ」**とされている。しかも、〝最初の死〟に追い込んだとされているのが、あろうことか晴明の弟子であったという。その男の名は**蘆屋道満**、またの名を**道摩法師**（道満とは別人という説もある）という。いったい、どんな人物なのか？

蘆屋道満は平安時代に実在したとされる陰陽師だが、晴明が宮仕えであったのに対し、市井で活躍する民間の僧であったという。江戸時代の浄瑠璃『蘆屋道満大内鑑』によれば晴明の父である安倍保名とともに賀茂保憲に師事し、没後に後継者争いをするほどの力を有していたとされているから、陰陽師としては一級の存在であり、同時に晴明よりもかなり年上であることがわかる。にもかかわらず、道満は晴明の弟子であったという。いったい、なぜか？

その経緯は晴明が編纂したとされる本に詳しい。幼いながらも能力者としての片鱗を垣間見せていた晴明の噂を聞いた道満は、公卿らを見届け人に、法力（ほうりき）対決をもちかける。かくして内裏の庭で行なわれた呪術勝負では、放り投げた砂を無数のツバメに変える老獪（ろうかい）な道満に対し、天空から龍を出現させるというように、年少の晴明が常に上回った。

そして迎えた最後の大一番は帝の提案により、長持（ながもち）に入っているものを言い当てるという勝負となった。道満は対決に臨むにあたり、もしも自分が敗れた時には晴明の弟子になると言い放つ。長持の中にはミカンが十五個入っていたのだが、道満はこの時点でそれを見抜いていたのだろう。しかし、道満が自信たっぷりに、ミカンが十五個と答えたのに対し、晴明はネズミが十五匹と答えたのである。

帝をはじめ答えを知っていた見届け人たちは晴明の負けを確信したが、はたして長持を開けると、十五匹のネズミが飛び出した。実は晴明は道満のさらに先手を打ち、ミカンをネズミに変えるという呪詛返しを行なっていたのだ。まだ幼い晴明にことごとく破れた道満は、約束通り晴明の弟子になったのである。

道満は「晴明伝説」を盛り上げるための脇役？

今日残されている道満の伝承は晴明とともに語られるものばかりだが、二人の因縁話は他にもある。例えば、鎌倉時代前期に成立したとされる『宇治拾遺物語』には、道満が晴明の支持者である藤原道長に呪術をかけたと伝えられている。

法成寺（道長が建立したとされる広壮な規模を誇った寺）の建立中の頃、様子を見に行こうと道長が出かけようとすると、愛犬が着物の裾を咥えて引き留めようとする。不思議に思った道長が晴明に占わせたところ、何者かが使役する式神によって呪いがかけられそうになっているのを犬が気づいて、それを伝えようとしたのだという。

晴明は術のかけ方に思い当たるふしがあり、自らの式神を術者のもとへと飛ばした。はたして、白鷺に姿を変えた式神は道満の屋敷へと飛んでいき、老法師は捕らえられて故郷の播磨へ流刑されてしまった。

この話は『古事談』や鎌倉中期の教訓説話集『十訓抄』にも同様の記述が残されて

いる。また鎌倉・南北朝時代の播磨国の地誌『峯相記』には、次のようなバリエーションともいえるエピソードがある。藤原伊周の頼みで、道長に対して道に呪物を埋める呪詛をかけた道満は、この呪詛を晴明に見破られ、播磨に流罪となり、後に没したというものだ。

これらの記述を俯瞰してみると、共通する部分が多いことに気づくだろう。おそらくは原話をもとに経年による創作が重ねられたとも考えられるが、その根底に真実がある。すなわち晴明の英雄譚化に際して、事実が曲げられていったものではないかと筆者は考えている。

歴史が時の権力者、あるいは戦いの勝者に都合よく書き記されてきたのは周知の通りだ。だとすれば、ことごとく晴明に破れた道満もまた、晴明に都合よく悪役にされていた可能性もある。

実際、故郷である播磨では、道満はいたって温厚で、医術なども駆使しながら、弱き者を助けていた人格者であったとされている。

5章

書き残された「奇妙な怪異譚」

……「見てはならない世界」の扉が開かれるとき

1 人の生き血をすする妖怪――野衾

江戸時代には、火を喰らい、ヒトや動物の生き血をすする「野衾（のぶすま）」もしくは「飛倉（とびくら）」と呼ばれる妖怪が存在したという。体長およそ三十センチと小柄な胴体の左右には羽のような部位を備えており、宙（そら）を飛翔（ひしょう）する。その姿はムササビやモモンガにも似ているというが、いかなる存在だったのだろうか。

江戸時代の奇談集や妖怪画集には、野衾と思しき存在がいくつも記録されている。そのうちの一つ『梅翁随筆（ばいおうずいひつ）』には、江戸は神田界隈（かいわい）を中心に出没し、ネコを襲って、その生き血を吸っている光景が目撃されていたとある。目撃談だけではない。なんと捕獲されたという逸話もあるのだ。

ある時、番所に謎めいた生き物の死骸が届けられた。見かけはイタチにも似ているが、胴体には昆虫の羽のような奇怪な〝何か〟がついている。見たこともない生き物に、役人たちは首をかしげるばかりで、皆目見当がつかない。そこで物知りの古老に話を聞いてみると、こう教えてくれたという。

「これは深山に住む野衾である。空を飛んでは、人も襲うから気をつけるように」

いわく野衾は、人に襲いかかり、眼や口を塞ぎ、生き血を吸う妖怪である。そればかりではない。享保時代の随筆『本朝世示談綺』によれば、夜になると野衾は人の持つ松明を斬って消し、その火を噴き出すというから恐ろしい。

人に襲いかかり、血を吸い、火を噴く——それだけでも恐ろしいというのに、さらに巨大な個体も存在していた可能性がある。その存在は二刀流の剣豪として知られる**宮本武蔵の武勇伝**で語られている。

武蔵が己の剣を磨くため、諸国を巡っていた時のことだ。丹波の山奥に入った武蔵は幽谷で道に迷い、その時に野衾に出くわしたという。

突如として虚空より現われた面妖な存在を武蔵は一刀両断したというが、その雄姿を後に伝える歌川国芳の画に描かれた野衾は武蔵をも凌ぐ巨体であったのだ。かつての日本には大小様々な野衾が存在していたのだろうか？　いや、そもそも野衾とはいかなる存在なのだろうか？

江戸時代に目撃情報が多発。そのワケは……

野衾の正体については、目撃がもっとも多発した江戸時代においても諸説が語られている。江戸時代の奇談集『絵本百物語』の説によると、コウモリが長い年月を経て妖怪化した存在とある。

だが、今日もっとも有力視されているのはムササビ、もしくはモモンガの誤認説である。ムササビ、モモンガはともに夜行性で滑空することができる小型の哺乳類だが、夜目が利くがゆえに夜の松明には目がくらむ。そして飛行感覚を失ってしまった結果、人の顔にへばりつくことになる。それが妖怪・野衾の〝正体〟であるというものだ。江戸時代当時にも野衾＝ムササビ説はあったようで、かの鳥山石燕が残した妖怪画集『今昔画図続百鬼』の解説でも、「野衾はムササビの事なり」と記述されている。

確かに、ムササビやモモンガの頭胴長は野衾に近い三十センチ前後。いつもは森林に巣を作るが、人家の屋根裏に巣を作ることもあり、少なくとも江戸時代に目撃事例が多発してもおかしくはない。だが、野衾の特徴である、火を噴く、あるいは血を吸うという事例がムササビやモモンガの生態として報告されたことはない。

仮にコウモリであるとしたら、吸血コウモリの可能性は否定できないが、江戸時代において中央アメリカや南アフリカに生息する外来種が全国規模で、しかも一定数以上生息していたとは考えにくい。これらの事実を鑑みると、外見的にムササビやコウモリに似た未確認生物＝野衾が少なくとも江戸時代までの日本には棲息していた可能性がある、とは考えられないだろうか？

ちなみに、野衾は年を重ねることで別の妖怪に変化するという伝承もある。例えば

『今昔画図続百鬼』では、原野に出没する老人の姿をした妖怪**「百々爺（ももんじい）」**がそれであるといい、出会った人に病をもたらすとされている。他にも『絵本百物語』では年老いたコウモリが野衾となり、さらに年を重ねると人の寝息を吸う妖怪**「山地乳（やまちち）」**になると記されている。

これらは伝承的な側面があることは否定できないが、そこには必ず真実の欠片（かけら）が隠されているはずだ。そう考えると、野衾が何らかの特異な能力をもった飛行生物であった可能性は無視できないだろう。

2 肉人――家康の居城・駿府城に現われた謎の存在

江戸時代には妖怪をはじめ、今日では目撃される機会が少なくなった「奇異なる存在」が数多報告されている。そのなかでも、不可解きわまりないのは**「肉人」**だろう。

肉人とは、その名が表わす通り〝肉塊〟としか表現のしようのない異形の者である。現われたのは一度きりだが、**江戸幕府の初代征夷大将軍（せいいたいしょうぐん）・徳川家康の居城・駿府（すんぷ）城に現われた**がゆえに、その怪異録は伝説となった。

古くは文化・文政時代の随筆『一宵話（ひとよはなし）』をはじめ、様々な文献に記録が残され、謎めいた存在として今なお語り継がれている。

肉人が現われたのは一六〇九年、四月のとある日のことだ。三百年の太平時代の礎を築きつつあった徳川家康が、駿府城で治世の行く末を思案していた時、城内はにわかに騒がしさを増していた。厳重な警備体制下にあった城内の中庭に、曲者が侵入したからだ。家康在城時の駿府城に〝第三者〟が入り込むだけでも異常事態である。だが、家臣たちをざわつかせたのは、その風体が尋常でなかったからだ。

「御庭に、形は小児の如くにて、肉人ともいふべく、手はありながら、指はなく、指なき手をもて、上を指して立たるものあり」

こう『一宵話』に記されているように、背格好は小児のようだが、顔と体の区別がつかず、手足はあるが指はない。文字通り肉の塊のような異様な存在が、天から降って湧いたように、あるいは地面から湧き出たように出没したのだから、警護にあたっていた頑強な家臣たちも度肝を抜かれたであろう。肉塊が人の姿をとったようなその存在は、指のない手で天空を指さすようにしてしばらく動かなかった。

厳戒態勢の城内に入り込めるのは妖怪の類いにちがいない。誰もがそう思っただろう。だが、その正体を確かめようにも、捕まえることはできなかった。まるで、重力を無視するかのように、軽やかな身のこなしで家臣たちを翻弄したのだ。

困り果てた家臣の一人が家康に報告。人にはあらず、妖怪変化が現われたと事情を説明し、主君に指示を乞うた。すると家康はこう答えたという。

「人の見ぬ所へ逐出しやれ」

残念ながらいかにして城内から追い出したかの記述は残っていないものの、肉人が家臣たちによって城から遠く離れた山に追い払われたのは間違いない。

「薬学に通じた識者」の意味深な発言

はたして、駿府城を騒がせた肉人の正体は、いったい〝何者〟だったのか？　**「のっぺらぼう」**の原点的妖怪**「ぬっぺふほふ」**とする説もあるが、外見的に一致しない。その正体を探ろうにも、肉人の再来はない

駿府城を騒がせた「肉人」の正体とは？

ゆえに手掛かりは少ない。それでも、興味深い後日談が残されているので、ここに紹介しよう。

後日、この奇談を聞いた薬学に通じる識者が、こう悔しがったというのだ。

「或人(あるひと)、これを聞きて、扨(さて)も扨もをしき事かな。左右の人たちの不学から、かかる仙薬を君に奉(たてまつ)らざりし。此れは、白沢図(はくたくず)に出たる、封(ほう)といふものなり。此(こ)れを食すれば、多力になり、武勇もすぐるるよし」

これを現代の日本語に置き換えると、以下のような内容となる。

「騒いだ者らの不学ゆえに、仙薬を家康公に奉ることができなかったとは、なんとも惜(お)しいことをしたものだ。その〝肉人〟は『白沢図』に伝わる〝封〟という存在である。これを食せば力が増して武勇が優れるといわれるものであったのに――」

つまり、**その正体は中国の古書『白沢図(はくたくず)』に載る「封(ほう)」だといい、その肉は食せば**

多力となる仙薬である。それを家康公に献上できなかったことを口惜（くや）しがった、というのだ。

はたして、この「封」とは何者なのか？

結論からいうと、封そのものの実在性は低いかもしれない。なぜなら、この『白沢図』自体が、現存しないとされている中国伝説の古書だから。ただし、この**「白沢」の名をいただいた神獣**で、病魔を防ぐ力があり、徳のある治政者の時に出現するという妖怪がいるという。だとすると、封ではなく、白沢の可能性はないだろうか？しかし、この白沢は六本の角と九つの眼を持ち人語を解するといい、肉人とは似ても似つかない。

徳川幕府の正史で書き換えられた「不都合な真実」

なお、この**肉人騒動は幕府の正史『徳川実紀（とくがわじつき）』にも記録が残されている**。ただし、〝事実〟とは異なる形で、である。

「駿府城内の庭に手足に指無き者が襤褸（ぼろ）を纏（まと）い、髪乱れ、佇（たたず）んでいた。警固の者らが捉えて斬り捨てようとしたところ、家康は〝何をしたわけでも無し〟として、城外へ追い出した」

これによると、事件の真相、つまり肉人の正体は、実は指を患(わずら)った浮浪者の類いであったということになっている。しかし、浮浪者が警戒厳重だったはずの城内に、どうやって侵入できたのか、という点でそもそも疑わしい。

家康の城近辺で少しでも怪しい振る舞いを見せれば、排除されるか、捕らえられるかのどちらかのはずだ。ましてやふらりと立ち入ることなど、絶対に起こり得ない話である。

そう考えると、『徳川実紀』に記録されたこの〝史実〟は、**不都合な真実を隠蔽(いんぺい)する形で書かれたもの**と考えられないだろうか?

一九四七年七月、米ニューメキシコ州ロズウェルで起きたUFO墜落事件に代表されるように、UFO事件の多くは庶民から常に遠ざけられてきた。もしかしたら肉人事件もそうした事例と同じように闇に葬られてしまったのかもしれない。

3 地図から消された廃村——恐怖伝説の真相

地図上から消され、公的文書にも一切の記述が残されていない〝**忌み地**〟がこの国にはあるという。二十世紀末頃から世間をにぎわせた「**杉沢村**」がその一つだ。

「ここから先へ立ち入る者 命の保証はない」

青森県の山中、杉沢村へ向かう道には、こう書かれた看板があるという。村の入口に到達すると朽ちた鳥居が出迎え、さらに奥に進むと廃墟と化した家々が佇み、至るところに血痕が残っている。伝えられるところによれば、この村では一人の男が発狂し、村人全員を殺した後、自らの命も絶った。無人となったこの村は、隣村に編入された後、地図からも公文書からも消されてしまったという。

この杉沢村の恐怖譚は二〇〇〇年代初期にメディアでも大きく取り上げられ、命知らずの強者たちは村の〝跡地〟探しに躍起になった。一般に、杉沢村は噂話が積み重なった都市伝説だとされている。しかし、そのすべてが虚構ではなく、実際の事件が下敷きにある。

その一つと目されるのが、「青森県新和村一家七人殺害事件」である。事件は一九五三年十二月十二日に発生。青森県中津軽郡新和村（現在の弘前市）で、一家七人が猟銃で射殺された。この事件が一九三八年に岡山県の貝尾と坂元の両集落で三十人が猟銃と日本刀で惨殺された「津山事件」を連想させることから、二つの事件が混同され、人の口に乗りながら杉沢村の伝説を形成したと筆者はにらんでいる。

伝説が更新され続ける「犬鳴村」

現在でもしばしば話題にあがる「**犬鳴村**」も、そうしたものの一つだ。その舞台となるのは福岡県の山間部にある犬鳴峠。そこに人通りが途絶えて久しい旧道と旧トンネルがある。

「この先、日本国憲法は通用せず」

トンネルのそばにはこう書かれた看板が立っているが、その先に人目を避けるようにして小さな集落がある。それが犬鳴村である。看板の文字が杉沢村のそれと似ているが、**犬鳴村の住所は現存**（ただし平成以降居住者〇人）しており、だからこそ危険である。古くは江戸時代から差別を受け、外界との接触が絶たれた犬鳴村の住民は、排他的で非常に攻撃的。余所者が足を踏み入れようものなら、武器を手にした村人によって命を絶たれることもあったのだとか。

犬鳴村伝説の根底にあるのは、一九八八年に実在の旧犬鳴トンネルで発生した地元青年によるリンチ焼殺事件である。この事件に、近隣の力丸ダムで一九七九年に立て続けに起きた殺人事件の狂気が混同されて、犬鳴村伝説の基盤は築かれていったとされている。

こうして始まった伝説は、実在するトンネルであるがゆえに心霊スポット化し、死傷事故（肝試し目的の若者たちが事故を起こす事例が複数回あった）が連鎖的に発生。

これらを糧（かて）に犬鳴村の伝説がさらに**高められたのはいうまでもない。**伝説発祥の地が特定されており、かつ現存するがゆえに、犬鳴村の伝説は今後も〝更新〟される可能性は高い。その意味では、この瞬間にも進化し続ける伝説なのである。

繰り返しになるが、筆者は民間伝承を含む都市伝説的な物語には、どこかに必ず真実が隠れ潜んでいると考えている。願わくば、伝説的に伝えられるこれらの狂気が虚構の産物であることを祈りたいのは筆者だけではないだろう。

平家村——日本全国に残る落人の怨念

日本史上、一族が繁栄した氏族「源平藤橘（げんぺいとうきつ）」の一角として、源氏、藤原氏、橘（たちばな）氏と並び称される平氏。とりわけ、平氏の傍流（ぼうりゅう）であった伊勢平氏の系統である「平家」一門を率いた平清盛（たいらのきよもり）が、後白河（ごしらかわ）上皇と第78代二条（にじょう）天皇と密接な関係を築き、政権の頂点にまで上り詰めたことは周知の通りだ。

だが、後に成立した『平家物語』の冒頭で「驕（おご）れる者（もの）は久（ひさ）しからず」と記されるように、その繁栄は長くは続かなかった。

清盛の息子の重盛（しげもり）と娘の盛子（せいし）（関白藤原基実（ふじわらのもとざね）の妻）の死をきっかけに、後白河院と清盛の確執が表面化。「治承（じしょう）三年の政変」（一一七九年）により、清盛が後白河院の院政を停止すると、両者の対立は決定的となる。同時に清盛に対する地方豪族の反発も相次ぐこととなり、世にいう「源平合戦」が勃発する。

日本初となる全国規模の内乱は、およそ六年続く。そして一一八五年、壇ノ浦の戦いを最後に平家一門は滅亡したとされている。源氏による平家の残党追討は非常に厳しく、各地に散った平家の者たちの多くは山間や離島に逃げ込み、息を殺すようにして隠れ住んだとされている。それでも、平家山や平家谷、平家平といった平家にちなんだ山の名や地名が少なからず残るほか、隠し財宝の伝説などが伝承されるなど、その名と血脈が消滅することはなかった。

もちろん、無事に生き延びた者たちばかりではない。例えば、清盛の四男で「見るべき程の事は見つ」という有名な言葉で知られる平知盛は、壇ノ浦での戦いにおいて入水し自害したとされるが、味方のいる田主丸（現在の福岡県久留米市）に逃げ込み、源氏側に寝返った者によって殺された、という伝承もある。

また、源平合戦の舞台となった香川県に隣接する愛媛県にも**平家の落人村**はいくつも存在したようだが、なかには強い呪念が残された場所もあるようだ。

洞窟に逃げ込んだ落人は生き埋めとなり――

平家の敗走が始まり、落人たちが各地に散り散りになっていったある時、愛媛県のとある村にも落人が転がり込んでいた。男は深手を負い、村人たちに情けを乞うた。だが村人たちの中に手を差し伸べる者はなく、男は村の外れにある洞窟の中に逃げ込むしかなかった。

しかし、さらなる悲劇が男に襲いかかる。降り出した雨が激しさを増し、地滑りが発生。落下してきた大きな岩と土砂によって入口がふさがれ、生き埋めになってしまったのだ。男は残されたわずかな力を振り絞って、大声で助けを呼んだ。それでも村人たちが助けてくれることはなかった。

村人たちは落人の悲痛な叫び声を耳にしており、助けてやるべきではないかという想いも少なからずあったはずだ。だが、前述した通り、源氏の平家狩りは非常に激しかった。たとえ平民であったとしても、平家の落人をかくまったとなれば、ただではすむまい。それゆえ、見殺しにするしかなかったのだ。

村人たちとっては苦渋の選択であったろうが、落人の側からすれば人の情けの欠片もない、鬼畜の所業に感じられただろう。どんなに声をはりあげようと、助けは来ない。戦に敗れた無念、洞窟に閉じ込められた絶望が綯い交ぜとなったまま、傷の痛みと空腹に耐えながら男は孤独な死を迎えるしかなかった。それでも男は絶命の直前、最後の力を振り絞って村人たちに呪いの言葉を大声で吐き出した。

「おまえたち全員に祟ってやる」

甲冑男の兜の下から覗いていたのは髑髏

落人の慟哭は、手を差し伸べようとしなかった村人たちに向けられた。

ただし、実際に落人の呪いが発動したのは年月が経ってからのことだった。数十年が経ち、落人の無念を村人たちが忘れかけていた頃、洞窟の前を酒に酔った村人が通りかかった時のことだ。甲冑姿の男が一人、洞窟の前の大きな岩を持ち上げていた。正気であったなら、異様な光景にただならぬ気配を感じただろう。だが、この村人は酒が回っていたせいもあって、不用意に甲冑男に近づいてしまった。突然、甲冑の

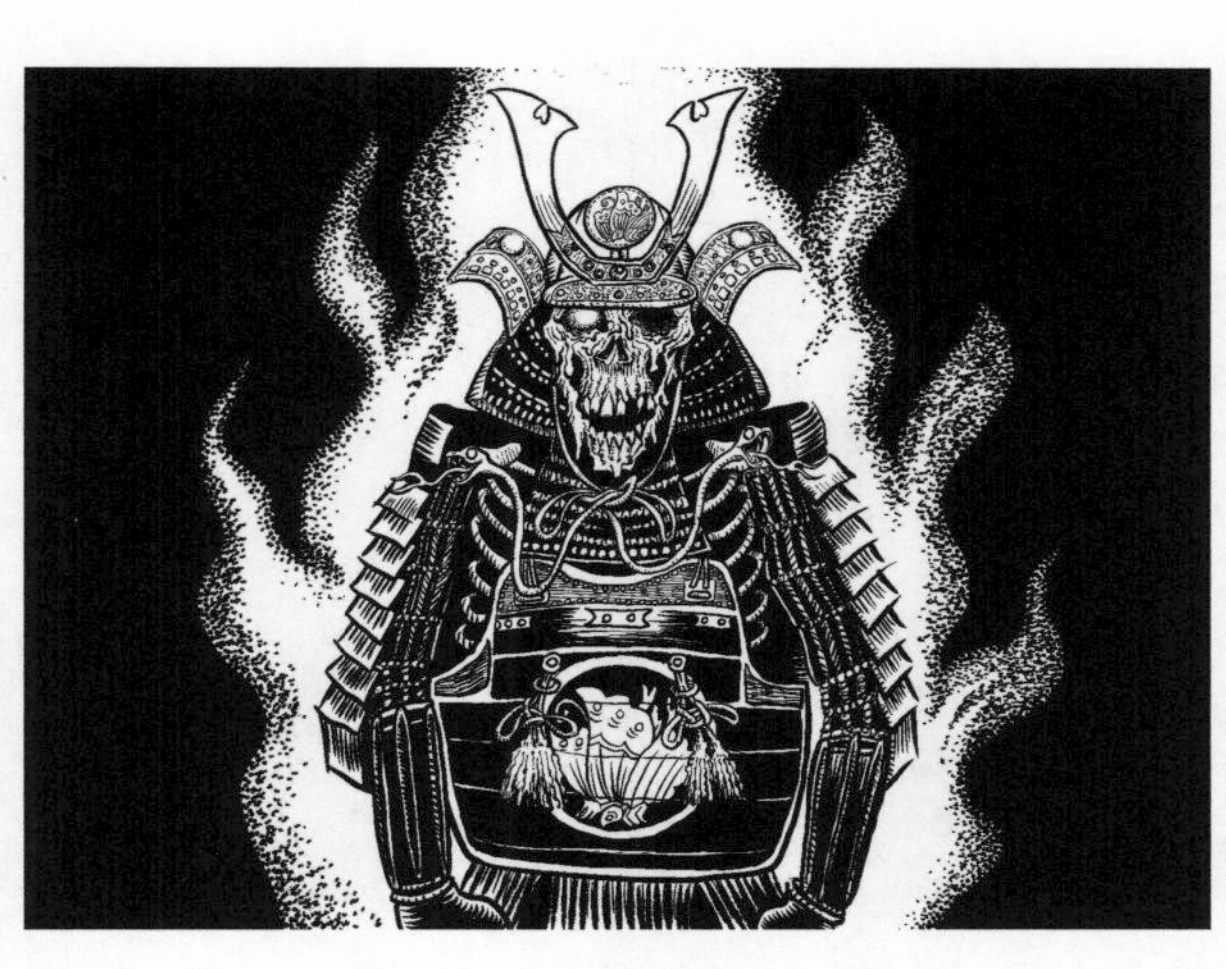

男が振り向いた。その顔を見て村人は酔いが一瞬にして冷めてしまう。兜(かぶと)の下から覗いていたのは朽ち果てた髑髏だったのだ。
この話はたちまち村中に広まり、〝あの時〟のことを知る誰もが無念の果てに絶命した落人の呪言(じゅごん)を思い出した。あれ以来、落人の骸(むくろ)は洞窟の中に閉じ込められたままだったが、このままではもっと大きなわざわいが降りかかるかもしれない。村人たちは大慌てで墓石を建て、落人の亡骸を手厚く弔ったそうだ。
落人の魂を鎮める風習や不可解なしきたりが今日まで残されているケースが少なからずあるというが、それだけ強い呪いが発動した証と見ることもできないだろうか。

厄介な〝同居人〟——人面瘡

谷崎潤一郎や横溝正史の小説の題材にもなった「**人面瘡**」（人面疽とも）とは、体にできた傷が人の顔のように形をなす怪異を指す。

それだけであれば、悪性の腫れ物ですむ話かもしれない。だが、人面瘡は人間の言葉を話すばかりか、時として宿主の秘密や悪事を暴露することもあるという。さらには、非常に悪食で、食べ物を与えないと宿主が高熱にうなされる、あるいは激痛に悩まされることになる。ひどいものになると、毒気で周囲の人々まで苦しめることもあるようだ。

文字通り「腫れ物を扱う」ようにしなければならないこの厄介な〝同居人〟は、いかなる存在なのだろうか？

食べ物を喰らい、酒を呑む瘡の「意外な弱点」

人面瘡の事例がもっとも多く報告されているのは、江戸時代の文献だ。例えば、同時代前期の仮名草子作家、浅井了意が記した『伽婢子』で伝えられる怪異は、次のようなものだ。

現在の京都府宇治市小倉町にあたる山城国小椋で暮らす農夫が体調を崩し、風邪をひいたかなと思ったのも束の間、急に全身をヒリヒリとした痛みが走り始めたのである。

「いったい何の病気だ。痛い、痛い、痛い、俺は死ぬのか？」

思い悩んだ男は様々な治療を試みたが、全く治る様子がない。そうこうしているうち、左足の膝の上に不思議な瘡（できもの）ができた。奇妙なことにその瘡は、日が経つにつれ大きく、そして人間の顔のようになっていく。目や口のような形をなし、すでに人間のそれにしか見えない。

気味が悪くなった男は必死に患部に薬草などを塗り込んだ。だが、治るどころか、目はまばたきをし、口はもごもごと、人間のように動き始めた。それとともに、全身の痛みは少しずつ和らいだが、今度は瘡に痛みが集中するようになってしまう。

そんなある夜、男が一人で晩酌をしていると、瘡がにっこりと微笑みかけたような気がした。すっかり酔いが回っていたこともあり、気をよくした男は、

「おまえも呑んでみるか？」

たわむれに、瘡の口のような部分に酒を流し入れたところ、みるみるお酒が吸収されていく。さらに驚くことに、ポッと瘡の顔が赤らむではないか。

「おまえ、まるで生きているみたいだな。飯も食ってみるか？」

酔いが回っていることもあって、男が餅飯（もちいい）をあてがうと、人と同じように口を動かしたばかりか、飲み込んでしまったではないか。その間、不思議と痛みが和らぐような気がした。だが、それが大きな間違いだった。ものを食べさせないままでいると、瘡の部分が一層痛むようになったのだ。

食べ物が豊富にない時代である。瘡に与えているうちに、男の体は肉が削（そ）げ落ち、すっかり骨と皮ばかりにやせ細ってしまった。血色がよく、つやつやとしているのは

瘡ばかりである。とにかく瘡があるかぎり、死も時間の問題だ。医者は頼りにならず、ほとほと困り果てていたある日のこと。彼のもとに、諸国行脚の僧侶が現われた。そして、瘡を見るなり、こう言ったのである。

「この瘡は、本当に稀にできるものです。だが、治る手段がないわけではありません」

懇願する男の願いを聞き入れた僧侶は草木をはじめ、金、石、土に至るまでのあらゆる薬種をかき集め、一種ずつ腫れ物の口に放り込んだ。

すると、嬉々としてなんでも飲み込む腫れ物が、貝母（編笠百合。中国産の植物）を口にしようとした瞬間、眉をひそめ口を閉じてしまった。

「この瘡の弱点はどうも貝母のようですな」

二人は貝母を粉にし、瘡の口を無理やりこじあけ吹き入れた。すると、みるみるうちに瘡の顔に苦悶の表情が浮かび上がり、やがて目から光が失われ、口がだらりと開き動かなくなった。その後、七日のうちにカサブタとなり、すっかり完治したという。

怨霊が憑いたか、妖怪のしわざか

自分の体に、自分以外の人格を持った何かが生まれる――。その禍々しさは尋常ではないが、人面瘡は人の業によって〝生まれる〟こともあるようだ。

江戸後期の怪談集『諸国百物語』には、現在の千葉県にあたる下総国に住む平六左衛門の父親の両肩に現われたとある。その人面瘡は父が手をつけ、母親に殺された下女の顔をしていた。腫れ物は父親に終始話しかけ、無視すれば呼吸困難に陥らせた。そのことを知った旅の僧が法華経を唱えると、腫れ物の中から蛇が出現。これを引き抜いた僧が塚に埋めて供養すると、腫れは治まったという。

また、京都の油小路に住む屏風屋長右衛門の十二歳になる息子の腹に、突如として人面の腫れ物が現われたという事例もある。この時は五、六、七種の薬を混ぜ合わせたものを瘡の口に放り込んだところ、十日過ぎた頃に、息子の尻から長さ一尺一寸（約三十二センチ）の角を持つトカゲのような存在が飛び出してきて、撃ち殺したところ、完治したという。

このように人面瘡とひと口にいっても多様なケースがあり、その正体については今もってわからない。幕末の蘭方医（らんぽう）は医学的な分析をし、皺（しわ）が目鼻で、腫れ物の傷口が口であると結論づけているが、それでは物を食べたり、口をきくことの説明がつかない。筆者としても研究を深めてみたいところであるが、明治時代に新聞で報道されたのを最後に報告事例はない。

なぜ人面瘡は消えたのか？

仮に原因不明の疫病であったとしたら、根絶されたと考えられるかもしれない。だが、千葉や京都の事例を鑑みると、人に憑（つ）いて禍（わざわい）をなす妖怪の類である可能性のほうが高いように思える。ご存じの通り、河童をはじめとする妖怪たちの多くが、文明開化とともに姿を消してしまった。もし人面瘡が妖怪であったとしたら、時代が進むにつれて居場所を失ってしまい、人知れず絶滅してしまったのかもしれない。

6 神隠し——なぜ忽然と姿が消えたのか？

現代社会において、家族か友人に何も告げることなく失踪する行方不明者は年間八万人ほどいるという。ただし、ここでいう行方不明者とは、家族や親族が警察に「行方不明者届」を出したケースに限られる。届け出のないものを含めれば実際の数はもっと多くなるはずだ。

その理由は様々なのだろうが、増加傾向にあるのが認知症をともなうもののようだ。それ以外にも家族関係、仕事、恋愛関係など様々な事由が挙げられているが、実は二番目に多いのが「不詳」に分類されるものだ。なかには誘拐など事件性の高い事例もあるかもしれないが、文字通り〝不明〟であるケースも少なからずあるだろう。

かつて、こうした行方不明事件は**「神隠し」**と呼ばれ、忌み嫌われてきた。この国では縄文時代よりはるか昔から、神や霊魂に対する信仰心が根深くあり、山里や町から人が忽然と姿を消してしまうことは神の所業として考えられていたのである。

記述としては鎌倉幕府の準公式史書『吾妻鏡』にある平維茂の子の行方不明事例がもっとも古い部類に入る。天狗や雨女といった妖怪のしわざとする伝承も含めると、こうした言い伝えは東北から沖縄（沖縄では「物隠し」と呼ばれる）に至るまで全国各地に残されている。

だが、とりわけ多くの事例が報告されたのは江戸時代のこと。様々な文献で奇異なる事件が紹介されているが、なかでも旗本・南町奉行の根岸鎮衛がとりまとめた**『耳袋』で伝えられる神隠し事件**は実に興味深い。

『耳袋』に書き記された不可解すぎる出来事

近江国（現在の滋賀県）に、松前屋市兵衛という金持ちがいた。市兵衛は親戚筋から妻を迎えて、しばらく二人暮らしをしていたそうだ。しかしある夜、異変が起きる。

その夜、市兵衛は「厠へ行く」といって、下女を連れて床を出た。しかし、なかなか寝所へ戻ってこない。「もしや下女と何かあったのでは?」と不審に思った妻は、様子を見に行ってみた。しかし、下女は厠の外で待っていた。

「おまえさん、いるんでしょ?」

厠の外から声をかけてみたが、一向に返事がない。そこで厠の戸を開けてみると、市兵衛の姿がなかった。忽然と、消えてしまったのだ。

家中のものはみんな嘆き悲しみ、金銀を惜しまず、ところかまわず市兵衛を探しまくった。だが、その行方は全くつかめなかった。当時は下女が疑われたりして、妻も下女も苦労したようである。

市兵衛がいなくなり、二人にはまだ子供がいなかったので、跡継ぎがなかった。そこで、家に入り婿を迎えることになった。

それから二十年ほど経ったある日のこと。厠から人が呼ぶ声がするので行ってみると、なんと、そこに行方不明となっていた市兵衛が、いなくなった時と同じ衣服のまま座っていたのである。驚いた家の者たちは市兵衛に「どういうことだ?」と聞いたが、はっきりした返事はない。ただ「腹が減った」といって、食べ物を欲しがったのである。

さっそく食事を食べさせると、市兵衛が着ていた服は、埃のように散り失せてしまったという。昔のことを覚えている様子がなく、家族は医者やまじない師に相談するなど手をつくしたが、思い出すことはなかったという。

また、『耳袋』では、時を同じくして江戸で起きた「神隠し」についても言及している。下谷（東京都台東区）の広徳寺前に住む大工の息子が葛西に行くと言って家を出たまま行方知れずとなった。両親は手をつくして何日も探したが、見つけることができなかった。すっかり諦めた頃に、江の島で発見されるのだが、息子は家を出てから後のことを全く覚えていなかったという。

「アブダクション」「タイムワープ」との符合

二つの神隠し事件に共通するのは、突如、日常生活から消え失せて、消えた時と同じ姿で戻り、消えてからの記憶が全くない、ということだ。つまり、神隠しに遭った本人たちも、何が起きたのか全く理解していないのだ。

神隠し事件を今日の視点で検証すると、**地球外生命体に連れ去られるアブダクション（誘拐・拉致）現象**とそれに付帯する記憶喪失、もしくは**タイムワープ**（＝タイムトラベル）によって異次元空間に入り込んでしまったために生じる記憶障害に似ていることに気づかされる。

アブダクションの場合、数時間から数日間、姿が消え去った後、行方不明となった地点とほぼ同じ場所に同じ姿で戻されるケースが多い。その際、記憶を操作される（＝消される）ことが多いが、帰還時にその時の記憶が全くない神隠しと符合することはいうまでもない。神隠しはしばしば**「天狗隠し」**ともいわれたが、ここにおける天狗とは地球外生命体を指していたのかもしれない。

一方のタイムワープは何らかの要因で時空を超えてしまう、あるいは異空間に紛れ込んでしまう超常現象だ。タイムワープすると、時空移動の影響で記憶喪失状態になるケースが多いという。

ちなみに、旧来の神隠しは現世とは異なる神の世界である**「神域」＝異世界**に足を踏み入れてしまった結果、引き起こされる現象であることを考えると、タイムワープと多くの点で符合することが理解できるだろう。

「神隠しの真相」がアブダクション、もしくはタイムワープのどちらであっても、人智を超えた現象であったがゆえに、この時代の人々は〝神のしわざ〟と考えるしかなかった。それが**「神隠しの真相」**なのではないだろうか。

6章

それは「超古代文明」の痕跡なのか？

……「残された構造物」が語りかけてくること

幻の金属「ヒヒイロカネ」の謎

太古の日本には、今日でも製造が難しいとされる伝説の金属があった。その名は**「ヒヒイロカネ」**（緋緋色襟、日緋色襟、「ヒヒロカネ」とも）。初代神武天皇の御世以降は失われてしまったが、かつては鉄などと同様に原材料の一つとして用いられていたという。

だが、その後は希少化が進み、祭祀用の剣や装身具、かつて富山県にあった皇祖皇太神宮本殿の屋根に使用されるなど、限られた用途にだけ使われ、第21代雄略天皇の時代に二枚の菊型御紋の鏡が作られたのを最後に、この国の歴史から姿を消してしまったという。

ヒヒイロカネは実際に触れてみると表面は冷たく、磁気は拒絶するとされている。これだけであれば、銅や真鍮(しんちゅう)が連想されるが、その外見は実に特徴的である。太陽と見紛(みまが)うほど赤い、あるいはそのものが輝いて見える、あるいは、その**表面が揺らめいて見える**ともいうのだ。

特筆すべき特性は、熱伝導率の高さだ。伝えられるところによると、ヒヒイロカネで作られた茶釜であれば、湯を沸かすのにわずか数枚の木の葉があればすむという。

だが、何より驚かされるのが、その比重。金よりも軽量であり、ひとたび合金となればダイヤモンドよりも固い硬度を得る。しかも、永久に錆(さ)びることがないというから、文字通りのスーパー金属と呼べるだろう。もし現代に至るまで、ヒヒイロカネが継承されていたなら、あらゆる局面において別の文明、文化が築かれていた可能性が考えられる。それだけに、その精錬技術が失われてしまったのが残念でならない。

それは「伝説のオリハルコン」なのか?

実は、このスーパー金属と同一の物質だと主張される金属がある。それは古代ギリシアに伝わる**「オリハルコン」**である。しばしば小説や漫画、アニメにも登場する伝説の金属は、**失われた古代大陸アトランティスに存在したという幻の金属**である。オリハルコンに関する最古の記述とされる古代ギリシアに編まれた三十三篇の賛歌集『ホメロス賛歌』(作者不詳)によると、「炎のように輝いている」とされ、一世紀終わり頃の歴史家フラウィウス・ヨセフスの『ユダヤ古代誌』によれば、「金よりも価値のある、貴重な金属である」。

オリハルコンは自然の鉱物だったとされており、十世紀に東ローマ帝国で編纂された百科事典である「スイダス」には、「採掘が不可能になった」と記述されている。かくして、オリハルコンは歴史の表舞台から姿を消すことになるのだが、この点もヒヒイロカネに共通する。

ちなみに、この「ヒヒイロカネ＝オリハルコン」説を主張しているのは、明治から昭和初期にかけて古代史研究者として活躍した**酒井勝軍**(かつとき)である。彼自身がヒヒイロカネの実物を目の当たりにして確信をもった、というから驚きだ。彼が見たというヒヒイロカネは、どのようなものだったのだろうか?

謎を解く鍵は皇統の証「三種の神器」

一九二九年三月、酒井は高畠康次郎、鳥谷幡山らとともに、茨城県の多賀郡磯原町（現在の北茨城市）の天津教（皇祖皇太神宮天津教）総本山の皇祖皇太神宮に、開祖である竹内巨麿を訪ねた。前年に公開された古代文献『竹内文書』を拝観するためだ。『竹内文書』については1章で述べた通りだ。神代文字で書かれた文献の内容は、初代神武天皇以前に、数千年も続いていた王朝が存在し、その当時の日本は、モーセ、キリスト、マホメット、釈迦が訪れるほどの「古代世界における中心地であった」という驚愕の内容である。そして、この文献にヒヒイロカネについても記述があったのだ。

酒井がヒヒイロカネの実物を見たのは、この『竹内文書』を拝観した時だ。竹内邸には巨麿が祖父から授けられた文献とともに神宝があり、その神宝こそがヒヒイロカネだったのだ。その外見的特徴は先に述べた通りだが、酒井はヒヒイロカネの揺らめく様を見て、オーラに類するものを感じたようで**〝生きている金属〟**と形容している。興味深いのが、竹内邸で見せられたヒヒイロカネの装飾具が〝錆びていた〟という点にある。「朽ちることがない」とされているヒヒイロカネであっても、保存状態によっては錆びるのだろうか？

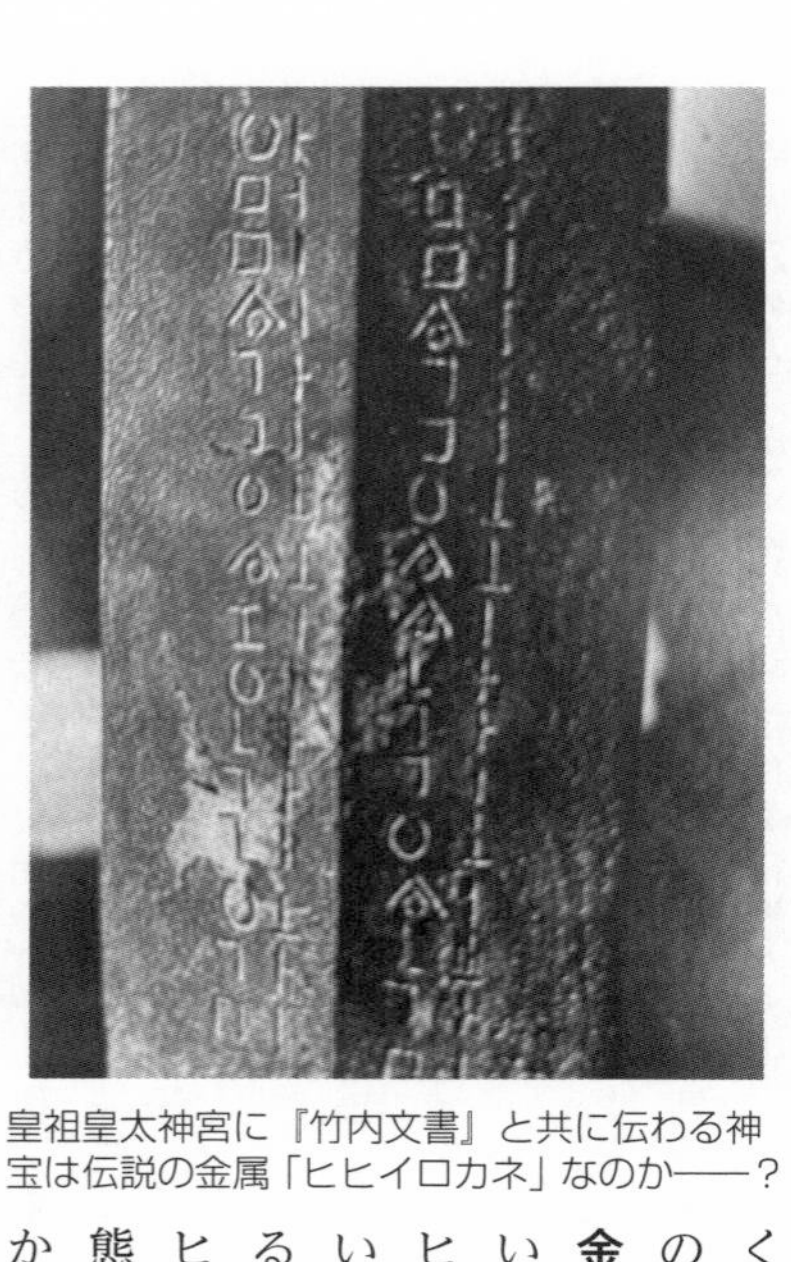
皇祖皇太神宮に『竹内文書』と共に伝わる神宝は伝説の金属「ヒヒイロカネ」なのか――？

さらに興味深いのは、錆びた装飾具は酒井が手を加えることで再び輝きを得たということだ。なぜ酒井が**伝説の金属の〝再生法〟**を知っていたのかは謎だが、彼はヒヒイロカネの加工技術の一部は日本刀のそれに継承されているとも主張していることから、何らかの技術を会得していたのかもしれない。

なお、この時に撮影されたヒヒイロカネの写真が『竹内文献資料集成』（八幡書店刊）に掲載されているが、当時の写真技術ゆえに鮮明さに欠け、伝説的なオーラをそこから感じ取ることは難しい。

ちなみに、戦前であれば、皇祖皇太神宮以外にも、神宝としてヒヒイロカネを収蔵する神社があったというが、いずれも戦火に焼かれて消失している。その皇祖皇太神宮は現在も建ち続けているが、件のヒヒイロカネが公開されることはない。

『竹内文書』によれば、**古代の天皇の乗り物である「天空浮船（あまのうきふね）」や皇統の証である「三種の神器」もヒヒイロカネ製**だったという。

三種の神器は現在の天皇家に継承されているものの、皇居の吹上御所（ふきあげごしょ）「剣璽（けんじ）の間」に安置されている宝物（ほうもつ）は、天皇ですら実見したことがないという。現物を目の当たりにできない以上、ヒヒイロカネが伝説や神話の域を出ることはないだろうが、限りなくロマンをかきたてる話であることは間違いない。

2 与那国島の海底遺跡は「ムー大陸」の残滓？

有史以前、繁栄を極めながら海中に没して消滅したとされる超文明がある。五千万年以上前のインド洋に存在したというレムリア大陸、一万二千年前に大西洋に沈んだというアトランティス大陸、そして同じく一万二千年前に太平洋に消えたというムー大陸……。

その大陸の実在については今なお議論が続けられており、それゆえに様々な推論や仮説が唱えられてきた。いずれの大陸も古代ギリシア、あるいは中世イギリスとヨーロッパを中心に研究と議論が重ねられてきた。そうした研究のうちの一つに、**「ムー大陸」には日本の一部が含まれていた**という主張がある。多くの方は荒唐無稽と思わ

与那国島の南の海底に残る巨大な一枚岩。
かつて存在した「高度な文明」の名残なのか——？

れるだろうが、その残滓と思われる遺跡が実際にこの国で発見されている。ここで、そうした謎めいた遺物を見てみよう。

一九八六年、沖縄県の与那国島の南の海底で、ダイバーがあまりにも巨大な「一枚岩」を発見したことがすべての始まりだった。そのサイズは東西二百五十メートル、南北百五十メートル。岩というより、むしろ巨大な山もしくは丘のようだ。

この巨大な岩には、あちらこちらに通路のような切れ込みや、テラスのような平地、階段構造、柱穴……まさに人によって加工されたとしか思えないような痕跡が見られた。

もちろん、こうした証拠を眼前にしながらも、自然現象が偶然作り出したものという主張は絶えることがない。

だが、そうした否定的な声を押さえ込むように、周辺の海域でも、岩に掘り込まれた古代文字のような紋様や石器類、モアイ像に似た人面石まで発見されている。やはり沖縄周辺では、高度な文明がかつて存在していたのだろうか。

太古、沖縄には一大文明圏があった?

それだけではない。日本国内の別の地域からも、続々と謎の古代遺跡らしきものが発見されている。例えば慶良間(けらま)諸島の海底では、ストーン・サークルが数多く見られることがわかっている。最大のものは、中心の円形の石の直径が六メートル以上もあり、周囲にはまるで通路のような溝も広がっているのだ。その溝をたどっていくと、その先には祠や鏡岩（表面に光沢があり、物の形がよく映る岩）のような石像物も置かれていた。

他にも粟国島(あぐにじま)や宮古島(みやこじま)、西表島(いりおもてじま)などの近海でも、同じように巨石を配した遺跡が発見されたほか、喜界島海底遺跡、宜名真海底鍾乳洞内遺跡、伊良部海底遺跡など、古代文明の名残と思われる謎の巨石群の発見は枚挙に暇がない。

沖縄本島も例外ではなく、北谷町砂辺沖には延々と続く城壁状の構造物や、円管状にえぐられた岩、高さ十メートルほどの階段ピラミッドの存在が確認されている。また、制作年代こそ中世のものだが、ロゼッタ・ストーンにきわめて酷似した石板が見つかっている。それだけでも謎めいているのだが、石板に刻まれる文様はさらに不可解だ。なんと、ヒンドゥー教や古代マヤ、アメリカ先住民のそれと同様の表象が刻まれているのだ。これなど、発見された沖縄の地が多数の文化圏と交流があったことの証以外の何ものでもないだろう。

こうなるとまさに、**沖縄に一大文明圏があった**ことは、揺るぎない事実のように思えてくる。事実、琉球大学の木村政昭名誉教授は、これらは人工物の可能性があるだけでなく、そのルーツはムー大陸にあるのではないかとまで指摘している。

だが、ムー大陸のように**一夜にして島が沈む**ということは本当にあり得るのだろうか？

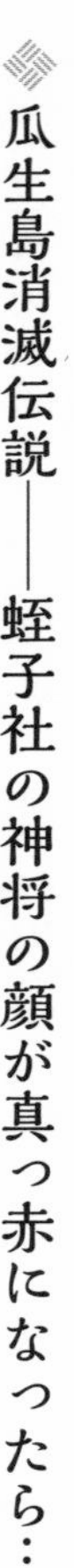

瓜生島消滅伝説——蛭子社の神将の顔が真っ赤になったら……

ムーやアトランティスのように「一夜にして海底に沈んだ島」の伝説がこの国にもある。古代沖縄の文化圏にほど近い大分県の別府湾にあったとされる**瓜生島**だ。

この島に関する最古の記録は、一六九九年に編纂された『豊府聞書』という地誌だとされる。ただし、これは原本も写本も現存しない。異本とされる『豊府紀聞』が現在のところ最古の記録ということになる。

それによれば、瓜生島は南本町・中裏町・北新町という三筋の町がある、かなり大きな島だった。また、天保年間（一八三〇～一八四四年）に書かれた記録では、島は東西三十六町（三・九キロ）、南北二十一町（二・三キロ）、周囲三里（十二キロ）で、およそ千軒の家があったとされている。事実なら、かなり大きな島だったということになる。

その島を慶長年間（一五九六～一六一五年）に大津波が襲い、一夜にして海底に消し去ったというのだ。

こんな伝説もある。

瓜生島には**「蛭子社の神将の顔が真っ赤になったら、瓜生島は海の底に沈没する」**という古い言い伝えがあった。

ところがある島民が、「ならば試してやろう」と言い出し、神将の顔を丹粉（赤絵具）で真っ赤に塗りつぶしてしまった。

すると翌月から地震が相次ぎ、一カ月後には対岸の山が火を噴いて大きな石が空から降り注いできた。

この時に、白馬に乗った老人が現われて、「島が沈むぞ。みんな逃げろ」とふれ回ったとされている。

すると間もなく大津波が襲い、一夜で島は沈んでしまった。生存者はわずか七人だった――と。

問題は、これほど詳細な記録があるにもかかわらず、学者たちの間では、「瓜生島の海底沈没は伝説に過ぎない」という見方が一般的だということだ。

最大の理由は、最古の記録である『豊府聞書』や古地図が載っている『豊陽古事談』は、島が沈んでから百年以上も後のものであるということだ。残念ながら、それ

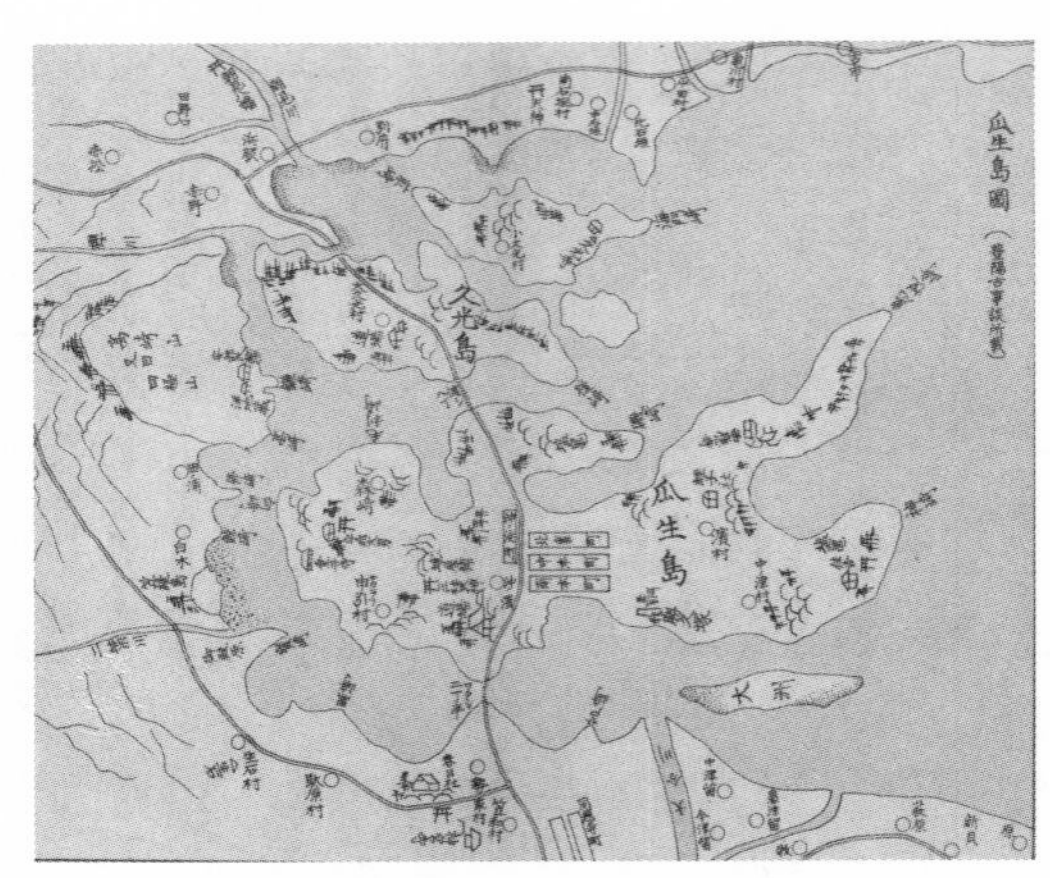

『豊陽古事談』に収録された瓜生島の古地図。
伝説では大津波によって一夜にして沈没したという

以前の史料には瓜生島の記述が全く見られないのである。千件もの家が建ち並ぶ大きな島なら、そんなことはあり得ないというのだ。

なるほど、確かに一理ある。では瓜生島はアトランティスやムーのように、やはり伝説上の島に過ぎなかったのか。

実は近年の地質学の調査研究によって、新たな事実が判明している。

まさしく慶長年間の一五九六年九月四日に、別府湾南東部でマグニチュード七・〇の地震が起こっていたことがわかったのだ。年代的にぴたりと一致する大地震だけに、この時に津波が発生して島が沈んだ可能性も決して否定できなくなったのである。

ちなみに**与那国島の一枚岩遺跡は、炭素14とベリリウム10による年代測定法によって、約一万年前に地上で建造された可能性が浮上**している。

沖縄諸島は、およそ二万年前には九州から台湾、中国へとつながる弧状の陸地を形成していた。氷河期の終了で海面が上昇する際に、その陸地の一部が海中に消えて、現在のような地理になったのは約一万二千年前のことだ。

ムー大陸が沈んだとされるのも約一万二千年前だから、年代的には符合している。これらを「偶然の一致」と思えないのは筆者だけではないだろう。

「世界最古のピラミッド」は日本に存在する？

「世界最古のピラミッド」が日本に存在するとしたら驚くだろうか？

超古代の日本列島には多数のピラミッドがあった。それだけではない。日本こそ世界中のピラミッドの〝起源〟となったという主張があるのだ。

この説で中心的役割を果たしたのは、前出の酒井勝軍という人物だった。一八七四年に山形県で生まれた酒井は、十五歳で洗礼を受けてクリスチャンとなり、東北学院卒業後に牧師となる。その後、高い語学力を買われた酒井は、ユダヤ研究のため帝国陸軍の使者としてパレスチナやエジプトを訪れる。酒井はこの時に目にしたピラミッドから強いインスピレーションを受けたという。

帰国した酒井は古代史、とりわけピラミッドの研究に深く傾倒するようになり、やがて**ピラミッドの発祥地は日本である**という仮説にたどり着く。ただし、この段階では彼の主張に確かな根拠はなかったようで、一九二九年、竹内巨麿のもとを訪れた際にも、「『竹内文書』にピラミッドについての記述がないか」と尋ねていたという。

酒井が考えるところの日本のピラミッドは、人工の遺物であるエジプトやインカのそれとは大きく異なる。美しい三角形――ピラミッド形――の山容を活かしつつ、人々が石や土を積み上げた自然と人との〝合作〟だ。それがゆえに、長い年月を経た超古代のピラミッドは、自然と一体化してしまっている。

それを見分ける〝目印〟となるのが、山頂付近に**太陽石**と**立石**（**メンヒル**）があること。さらに、近くに拝殿として利用できる小さな山があり、そこには**方位を示す石**（**方位石**）と太陽光を反射する**鏡岩**、祭壇となる**机状に組まれた巨石**（**ドルメン**）が存在すること。

これが酒井の主張する、ピラミッドを特定する条件である。

そして一九三四年四月、酒井は自説を証明することを決意。調査隊を組み、ピラミッド探しを本格化させる。目指すのは広島県庄原（しょうばら）市にある鬼叫山（ききょうざん）。これまでの研究が正しければ、この近くに必ずピラミッドがあるはずだと酒井は確信していた。

『竹内文書』が証明するピラミッド日本発祥説

その日も激しい雨の中、酒井を中心とする調査隊は山中を歩き回っていた。すでに日は暮れ始めていたが、誰も切り上げようとは口にしない。なかなか成果をあげられない焦りが調査員たちの〝重し〟になっていたのだ。疲労が蓄積し、それが頂点に達しようとしたその時、先頭を行く一人が叫んだ。

「先生、あそこにドルメンがあります！」

確かに巨大な机状の組石があった。しかもすぐそばには、巨大な鏡岩も確認できる。

「ここが拝殿だ！」

酒井は興奮を禁じ得なかったが、重要なのはピラミッドだ。いったい、どこにあるのか……？

次の瞬間、天空に激しい稲妻が走った。一瞬、周囲が明るくなる。まさにその時、

美しい三角形のシルエットを持つ「葦嶽山」。
山頂には"目印"となる「太陽石」も確認された

酒井の目の前には美しい三角形のシルエットが浮かび上がっていた。葦嶽山（あしたけやま）だ。

「諸君、あの山がピラミッドである！」

酒井は思わず、そう叫んでいた。

調査隊が立っている鬼叫山を調べてみると、ドルメンと鏡岩だけでなく、巨石を十字形に切断した方位石もあった。鏡石の下方には、高さ六メートルの**「神武岩（じんむいわ）」と呼ばれる巨大な石柱**も確認できた。酒井は後にこの石柱に、**神代文字が彫られていたこ**とも確認している。

その後、本殿すなわちピラミッドである葦嶽山を調べると、斜面には人工のものと思しき巨石が階段状に積み重ねられていた。

山頂は狭いながらも平地になっていて、太陽石も確認された。山頂近くの斜面には、エジプトのスフィンクスを想起させるような巨大な「エボシ岩」もあった。

そしてピラミッド発見後、『竹内文書』の一部に、次のように書かれていたことを知るのだ。

「年三月円十六日、詔して、吉備津根本国に大綱手彦、天皇霊廟、亦名メシア、日の神、月の神、造主神、日来神宮」

最後の「日来神宮」は「ヒラミット」と読む。「大綱手彦」は、神武天皇以前に数千年も続いていたという不合朝12代天皇の叔父で、年代的には二万二千年前だという。「吉備津根本国」は、現在の岡山県付近だから、酒井が発見した葦嶽山ピラミッドがある地域だ。

同書にはさらに、「この時代に日本列島には四カ所でピラミッドが建設された」とも書かれていた。つまり、ピラミッドは日本発祥で世界に広まっていったという推理が可能になる。

自説が『竹内文書』によって裏づけられた酒井の喜びは、いかほどであったろうか。

これに自信と確信を得た酒井はピラミッド調査を続け、青森県の大石神(おおいしがみ)ピラミッド、岩手県の五葉山(ごようざん)など、次々と日本のピラミッドを発見。一九四〇年に没するまで、精力的に活動を続けた。

「アマテラスの柩」が埋まっていると囁かれる山

酒井の遺志は受け継がれ、〝後継者〟たちによってピラミッドの発掘は今日でも続いている。とりわけ有名なのが、秋田県鹿角(かづの)市の**黒又山**(くろまたやま)だろう。本格的な学術調査が入ったことで知られるこの山は、平坦に整えられた山頂から縄文後期と思われる祭祀用土器が発掘されているほか、七～十段の

本格的な学術調査も入ったクロマンタこと「黒又山」。
山頂からは縄文後期の祭祀用土器も発掘されている

テラス形状である可能性が地中レーダーによって明らかとなっている。人工的な構造物であることは明白で、インカ等のそれと同様の階段状のピラミッドであると考えられている。

この黒又山を中心に、この周辺一帯に古代ピラミッド文明が築かれていた可能性もある。近隣の野中堂と万座にある遺跡から、やはり縄文後期と思われるストーン・サークルが発見されているのだ（**大湯環状列石**）。

しかも、最大径五十二メートルある万座遺跡の地下には、環状列石の中心部を頂点にピラミッド状の小山があることが確認されている。そのため、黒又山の拝殿であった、あるいは小型のピラミッドであった可能性も考えられる。万座環状列石の中心部には日時計の役目をしていたと考えられる「日時計状組石」があり、夏至の日の太陽の運行を示していることから、この地が**太陽信仰の拠点**であったことを示唆しているのだ。

また、長野市の**皆神山は日本最大のピラミッド**として注目されている。アマテラスの柩が埋まっているとされるこの山は、地質調査で中心部の重力が基準値を下回っていることが判明しているほか、地下に巨大な空洞が存在している。

大湯環状列石（ストーン・サークル）は
黒又山（ピラミッド）の拝殿とも考えられている

一九六五年から数年かけて、その直下で群発地震が起きており、近年ではＵＦＯ目撃が多いなど、〝いわく〟が多いことで知られ、研究者たちの注目を集めている。

二〇一四年には、奈良県高市郡明日香村の**都塚古墳**がやはり階段で構成されるピラミッド状であることが判明。都塚古墳が六世紀後半に形成されたと推測されることから、日本のピラミッド文明は有史以降も続いていた可能性が示唆されているが、詳細はまだ判明していない。

他にも、青森県と秋田県の県境にある**十和田湖には、五千年以上前に湖に沈んだとされる人工のピラミッドが眠っている**というが、本格的調査はこれからだ。

こうした事実が意味することは、日本におけるピラミッド研究が未成熟ということである。エジプトのピラミッドは調査されてから二百年近くが経過しても、いまだ全容が明らかになっていない。それに比すれば、日本のピラミッドは最初の発見から百年程度と、その半分の時間しか経っていない。しかも、学術的研究対象となることはほとんどなく、当然ながら高度な機器を用いた調査が行なわれるケースも決して多くはない。逆にいえば、研究の深化はこれからであり、今後の調査報告に期待したい。

飛鳥地方の巨石遺跡の謎

規格外の巨人がかつてこの地球上を跋扈していた……。そんな想像をかきたてる巨大遺物が世界各地に残っている。

例えば、中東のレバノンにある宗教都市の遺跡で、世界遺産でもある「バールベックの巨石」がその一つだ。正確無比な長方形に切り出されたこの巨大遺物の推定重量は二千トン。長さは十八メートル、幅が四メートルに達する。現在一般的に使われているクレーン車の吊上重量は最大でも六十五トン程度。

つまり、「バールベックの巨石」は、現代の技術をもってしても動かすことが非常に困難なのだ。

仮に人力で運ぶとすると、四万人の動員が必要になると推測されている。つまるところ、いかなる手段をもって巨石がこの地に運ばれたのか、全く想像がつかない。どのような技術で正確に切り出されたのかもわからない。巨人が存在した、あるいは現代の科学文明を凌ぐ叡智を有する超古代文明が存在したという以外に説明がしがたく、そのすべてが謎に包まれているのである。

「バールベックの巨石」はいわばオーパーツ（場違いな人工物。その時代の文明にそぐわないと考えられる出土品や加工品）と呼ぶべき奇異なる存在だが、同様に**謎を身にまとう巨石構造物**は世界中に点在しており、日本にも不可思議な遺物が各地に残されている。

日本における巨石構造物の代表格ともいえるのが、兵庫県高砂(たかさご)市に連なる宝殿山(ほうでんやま)の山腹に建つ生石(おうしこ)神社に御神体として祀られている**石の宝殿**（**天の浮石**(あめのうきいし)）だろう。本殿の裏側に鎮座する巨石は三方を岩盤に囲まれ、下方には霊験あらたかな水で満たされた池が配されている。巨石は死角となる部分の支柱に支えられており、一見すると宙に浮いているように見える。天の浮石という名は、その独特な佇まいによるものだ。

重量は五百トンを超えると推定される巨石の高さは五・七メートル、幅が六・四メートル、そして奥行きは七・二メートル。これほど巨大な構造物がどのような工程を経て形をなしたのか？　生石神社に伝わるところによれば、スクナヒコナとオオナムチが一夜にして作り上げたとされているが、実のところ、その程度の情報しか残されていない。

一説には石棺（せっかん）ではないかともいわれているが決定打はない。わかっているのは、これほど巨大な石の構造物を人の手で作り上げようとしたら、気が遠くなるほどの時間を要するということだけである。

松本清張を魅了した「明日香村の巨石群」

「天の浮石」の奇異なる存在感は識者からも注目されており、江戸時代末期にはドイツの医師、博物学者の**シーボルト**が訪れ、スケッチを描き残したことが有名だ。

また、日本を代表する作家である**松本清張**は、奈良県高市郡明日香村に点在する奇石群との関係性を指摘。一連の遺物は**ゾロアスター教の祭祀遺跡ではないか**という自説を展開している。

松本清張が注目するように、明日香村には謎めいた巨石群がある。それらは千三百年から千四百年前の飛鳥時代に作られたと推測されており、一つひとつに名前がつけられているのが特徴的だ。

「酒船石」「猿石」「亀石」「益田の岩船」「鬼の雪隠」「鬼の俎」「道祖神石」「石造男女像」……そのいずれもが人の手によって加工された痕跡を残したものだが、奇妙な形状と相まって、何のために作られたのかが全くわかっていない。

推理小説家として知られる松本清張だが、時代小説なども手がけており、日本の古代史にも強い関心をもっていた。

歴史家としても知られる編集者の藪田嘉一郎に教えを乞い、飛鳥時代と明日香村の遺構群への理解を深めた松本清張は、ゾロアスター教の飛鳥時代伝来説を軸とする『火の路』を上梓。大きな話題を呼んだが、同作は〝歴史家〟松本清張の自説を展開する内容だった。

明日香村に残る「酒船石」「益田の岩船」「猿石」（上から順）。誰が何のためにこの奇妙な形状に切り出したのか

例えば、長さ五・三メートルの酒船石に刻まれた不思議な幾何学模様は「ハオマ」という儀式用の酒を製造するために使われたのではないかのと自説に始まり、噴水塔のような仕かけになっている須弥山像石(しゅみせんぞうせき)は、この地を水の神アナーヒタにまつわる水の都にしようとした名残であるといった主張が繰り広げられる。これらの奇石群が「ゾロアスター教の儀式遺構」だと論じているのだ。

非常に興味深い仮説だが、立証できる〝根拠〟はない。だとしても、古代日本に巨石文明があったことは、これまで見てきた遺跡群からも明らかだろう。

唐人駄場遺跡とストーン・サークル

そうした謎めいた巨石遺跡の一つで、高知県南西端にある足摺(あしずり)半島の中央部にある**「唐人石(とうじんせき)」**も実に興味深い。すぐ近くにある古代のストーン・サークルであったと推定されている**「唐人駄場(だば)遺跡」**との関連性も取りざたされているが、学術的には誰が何のために作ったのか、やはりよくわかっていないのだ。

ただ、唐人石の巨石の下の空洞や唐人駄場遺跡からは、縄文時代の遺物である黒曜(こくよう)

石の鏃が発見されていることから、少なくともそれ以前の遺跡であることは間違いない。

唐人石の特徴も、やはりその巨大さにある。高さはおよそ七メートル、それが木々の生い茂った斜面に折り重なるように積み重なっているのだ。現代のような重機をもたない古代人が、いったいどうやって積み上げたのだろうか？

だが、その目的について考えを巡らせると、筆者は前出の黒又山とストーン・サークルを思い出す。黒又山をピラミッドと捉えた場合、近接遺跡のストーン・サークルは、ピラミッドを遥拝する拝殿であるという相関関係が考えられる。それと同じように、唐人石と唐人駄場遺跡の位置関係が「古代の聖地」とその「遥拝地」だったと思えてくるのだ。そうであったとすれば、同時代に同じ者たちによって作られたという可能性も生まれてくるだろう。

このように、古代遺跡を一つひとつバラバラに見るのではなく「広域」で見ると、巨石遺構群は様々な可能性を示唆してくれる。

例えば、環太平洋規模で考えてみると、南太平洋にはチリ本土の沖合にイースター島のモアイ像があり、日本にも前出の沖縄の海底遺跡などを含め、様々な巨石遺構がある。かつて太平洋には巨石文明が存在した。その文明を起源に巨石文化が周辺世界へと伝播(でんぱ)していったのではないだろうか。

だとしたら、その文明の正体は何か?

現代の技術をもってしても実現が難しい、巨大な石を自在に操る技術……そうした超古代の叡智をもつとしたら、それはやはり、**伝説のムー大陸**以外に考えられない。仮にそうだすれば、多くの謎を解決することもできるだろう。もちろん、これは筆者の想像に過ぎない。だが、日本がその一角をなしていたとしたら、巨石遺構はムー文明の残滓ということになる。そう思わせてくれるほど、これらの巨石は謎とロマンに満ちているのだ。

5 カタカムナ——謎の超古代文明

紀元前一万四千年前、日本は旧石器時代から縄文時代へと移り変わる変革期にあった。やがて縄文時代を迎えると、弓矢や土器に加えて磨製（ませい）石器が使用されるようになった。竪穴（たてあな）式住居への定住、集落の形成など、文明の基盤が築かれたのは周知の通りだ。だが、**縄文時代よりもはるか昔に、先進的な文明がこの国に存在していた**という主張がある。

その文明の名は「**カタカムナ**」。独自の文字体系を有し、自然のエネルギーを自在に操ることができたとされる謎めいた文明である。

カタカムナの存在は、戦前戦中に活躍した物理学者の楢崎皐月（ならさきこうげつ）（皐月（さつき）とも）氏が書き写したという古文書の写本によって明らかにされた。戦後、人々を苦しめた食糧難を打開するため、楢崎は新しい農業技術の開発に携わり、その一環で電位分布実測調査を日本各地で実施していた。

そして一九四九年（諸説あり）、兵庫県六甲山山系の金鳥山（きんちょうざん）周辺で大地の電位測定を行なっていた際、運命の出会いが訪れた。調査の機器の撤去を求めてきた平十字（ひらとうじ）なる人物の要望に速やかに対応すると、平十字はいたく感激。それがきっかけとなり、父が宮司を務める**カタカムナ神社のご神体**を見せてくれたのだ（ちなみに、カタカムナ神社がどこにあるのかは謎とされているが、地理的に保久良（ほくら）神社ではないかとの説がある）。

ご神体は古びた巻物で、そこには**円と直線で構成された独特の文字からなる八十首の歌（ウタヒ）**が書かれていた。楢崎は何が書かれているかは全く理解できなかったが、平十字の許可を得て、大学ノートにつぶさに書き写した。そして、五年の歳月をかけて解読に成功したのである。はたして、そこに記された内容はきわめて興味深いものであった。

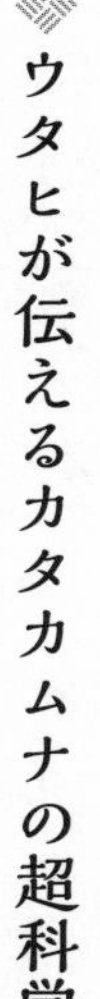

ウタヒが伝えるカタカムナの超科学

楢崎の解読したところによると、ウタヒに用いられているカタカムナ文字は、古代日本語よりもさらに歴史が古いもの。**原子の働きを四十八文字で表象した独自の文字**であり、ウタヒはこれが渦巻き状に配置されており、中心から外環に向かって読み進めると意味をなすという。

ウタヒといっても、その内容は詩歌などの文学に類するものではない。石器や土器の製造法、製鉄技術、稲作農業、さらには医術、経済、哲学など、古代日本には存在しなかった高度な文化・文明についての記述がなされていたのだ。カタカムナの巻物の内容が縄文時代以前に成立したのだとすれば、超古代文明の存在の証明となることは間違いない。

興味深い点は、他にもある。そのうちの一つは、**「イヤシロチ」**なる特異な土地の存在について説明している点だ。このイヤシロチは物事をすべからく好転させる、不思議な力を有するという。さらに驚くことに、イヤシロチに〝改良〟する術もあるよ

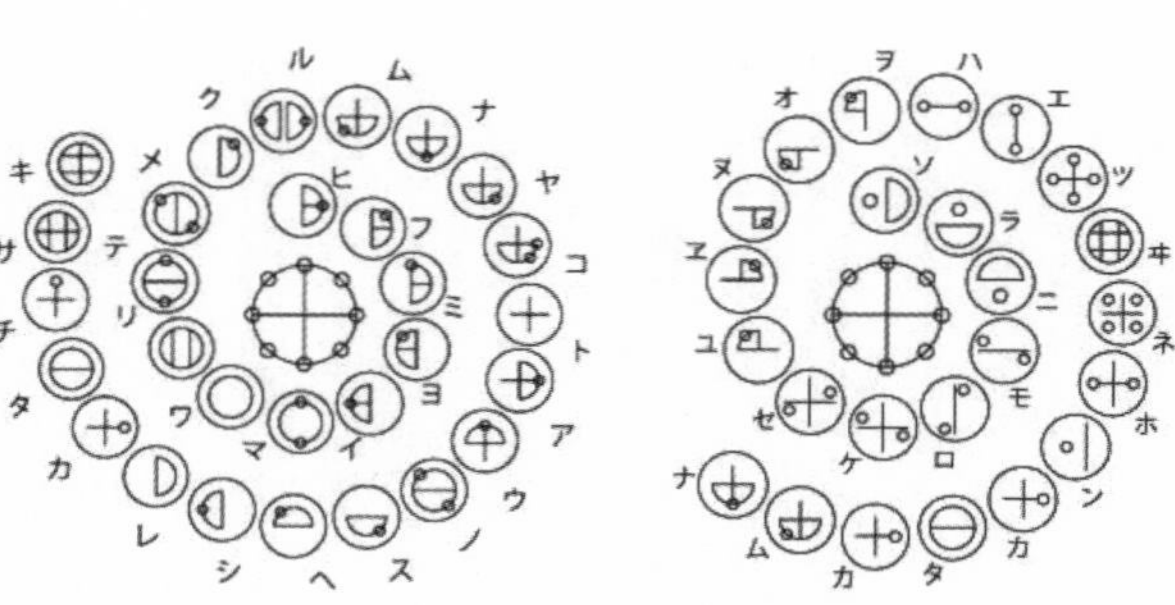

円と直線でできたカタカムナ文字で書かれたウタヒ。
その多くがまだ謎に包まれている

うだ。

楢崎の解読したところによると、**カタカムナ文明の担い手たちは原子の動きを理解し、自然界のエネルギーを自在にコントロールする力を有していた**というから、その文化圏をイヤシロチに改良することによって繁栄を極めたのかもしれない。

楢崎は一九六〇年代以降に、カタカムナの研究内容を著作にまとめて世に公表したが、学会から認められることはなかった。

なぜならば、カタカムナの存在を示すものが、楢崎による写本しかないこと、さらにいえば、元本である巻物自体も写本の可能性があるからだ。

ウタヒの一首目には「カタカムナヒビキ　マノスベシ　アシアトウアン　ウツシマツル　カタカム

ナウタヒ」と書かれており、巻物自体が書写されたものであると読み取れるからだ。

ちなみに、この**アシアトウアンは安倍晴明のライバルとされる陰陽師、蘆屋道満ではないか**という主張もあるが、定かではない。

だが、アシアトウアンの解釈以前に、楢崎の解読そのものを疑問視する後世の研究者は少なからず存在する。そうした声の根拠は、大学ノートに書写されたもの以外にカタカムナを伝えるものはなく、カタカムナ神社の存在はおろか、楢崎が見たという巻物の所在が不明であることが大きい。

そう、カタカムナの実在を証明する決定的な証拠は何ひとつ実在していないのだ。

だが、今後、研究がさらに深化し、超古代文明カタカムナの真相に迫ることを期待したい。

参考文献

『伽婢子　新 日本古典文学大系75』松田修他校注、『江戸怪談集（上・中・下）』高田衛編・校注、『仙境異聞・勝五郎再生紀聞』平田篤胤著、子安宣邦校注（以上、岩波書店）／『陰陽師たちの日本史』斎藤英喜（ＫＡＤＯＫＡＷＡ）／『歴史読本・臨時増刊１９８９年12月号』（新人物往来社）／『古代日本七つの謎』文藝春秋編（文藝春秋）／『日本史 怖くて不思議な出来事』中江克己（ＰＨＰ研究所）／『つくられた卑弥呼』義江明子、『奇談異聞辞典』柴田宵曲編（以上、筑摩書房）／『蘇る聖徳太子の真実』飛鳥探真著、佐宗知佳編（文芸社）／『熊野から読み解く記紀神話 日本書紀一三〇〇年紀』池田雅之、三石学編（扶桑社）／『江戸の奇談』江口照雪（大陸書房）／『歴史の闇ファイル 陰謀と暗号の世界史』（笠倉出版社）／『眠れないほどおもしろい「古代史」の謎』並木伸一郎（三笠書房・王様文庫）／『未確認動物ＵＭＡ大全』並木伸一郎、『決定版 超怪奇ＵＦＯ現象ＦＩＬＥ』並木伸一郎、『完全版 世界のＵＦＯ現象ＦＩＬＥ』並木伸一郎、『日本の妖怪ＦＩＬＥ』宮本幸枝（以上、学研プラス）／『大江戸怪奇事件ファイル』並木伸一郎（経済界）／『人に話したくなる日本古代史』日本ミステリー研究会編・著、『人に話したくなる江戸怪奇ミステリー』日本ミステリー研究会編・著、『本当にあった驚きの日本史』真実の日本史研究会（以上、竹書房）

写真提供（数字は該当ページ）

ＣｏｌＢａｓｅ（https://colbase.nich.go.jp）：p.19、130、166／国立国会図書館ウェブサイト：p.54、87、127、207、246／東京都立図書館：p.109、175、193、／早稲田大学図書館：p.72、151／京都大学附属図書館：『肥後国海中の怪（アマビエの図）』p.113／名古屋大学附属図書館：『西行撰集抄9巻』p.144／国文学研究資料館：p.80／国立公文書館：p.137／舞鶴糸井文庫：p.78／フォトライブラリー：p.29、106、163、241、261／akg-images/アフロ：p.121／共同通信社：p.69、116、167／東京都江戸博物館/DNPartcom：『蘭字枠江戸名所　六郷渡』（作　渓斎英泉、東京都江戸博物館所蔵）p.45／福岡市博物館/DNPartcom：『「百怪図巻」より犬神』（作　佐脇嵩之、福岡市博物館所蔵）p.103／奈良県国軸山金峯山寺：p.181、182／庄原観光ナビ：p.251／皇祖皇太神宮：p.32、238／羽仁　礼氏：p.25／吉野信子氏：p.268／並木伸一郎事務所：p.21、38、43、155、253、255

本書は、本文庫のために書き下ろされたものです。

日本史　書き残されたふしぎな話

著者　並木伸一郎（なみき・しんいちろう）
発行者　押鐘太陽
発行所　株式会社三笠書房
〒102-0072 東京都千代田区飯田橋3-3-1
電話　03-5226-5734（営業部）03-5226-5731（編集部）
https://www.mikasashobo.co.jp
印刷　誠宏印刷
製本　ナショナル製本

 ISBN978-4-8379-3044-0 C0130

謎とロマンが交錯！
並木伸一郎の本

眠れないほどおもしろい「日本の仏さま」

色即是空、諸行無常、六道輪廻……仏の世界は、摩訶不思議！　人はなぜ秘仏に惹かれるのか？　どんな人も救う〝奇特な仏〟とは？　仏教が驚くほどわかるようになる本！

眠れないほどおもしろい「密教」の謎

弘法大師・空海の息吹が伝わる東寺・国宝「両界曼荼羅図」のカラー口絵つき！　なぜ「神通力」がついてしまうのか？　驚くべき「秘密の世界」がそこに！

眠れないほどおもしろい「聖書」の謎

『聖書』がわかれば、世界がわかる！　旧約・新約の物語から、〝裏聖書〟の全貌まで――これぞ〝人類史上最大のベストセラー〟！

眠れないほどおもしろい「古代史」の謎

天孫降臨、卑弥呼、箸墓古墳、古史古伝、仁徳天皇陵、神代文字……「神話」と「歴史」がリンクする瞬間とは――！　謎が謎を呼ぶ「古代史のロマン」を楽しむ本！

眠れないほど面白い死後の世界

人は死んだら、どうなるのか？　〝あの世〟とは一体、どのようなところなのか？　「魂」と「転生」の秘密――驚愕の体験談、衝撃のエピソードが満載！

眠れないほど面白い「秘密結社」の謎

世界中の富・権力・情報を牛耳る「秘密結社」のすべてがわかる！　政治、経済、金融、軍事――今日も世界で彼らが〝暗躍〟している!?

K60016